컴퓨팅 사고력을 키우는 언플러그드

투근투근 퍼즐코딩

헬로소프트 이재우 지음

생능출판

초판 인쇄 2018년 7월 27일
초판 발행 2018년 8월 3일

지은이 ㅣ 이재우
펴낸이 ㅣ 김승기
펴낸곳 ㅣ ㈜생능출판사 / 주소 경기도 파주시 광인사길 143
출판사 등록일 ㅣ 2005년 1월 21일 / 신고번호 제406-2005-000002호
대표전화 ㅣ (031) 955-0761 / 팩스 (031) 955-0768
홈페이지 ㅣ www.booksr.co.kr

책임편집 ㅣ 최일연 / 편집 신성민, 김민보, 손정희, 정수정 / 디자인 유준범
마케팅 ㅣ 최복락, 심수경, 차종필, 백수정, 최태웅, 김범용
인쇄 ㅣ 성광인쇄(주)
제본 ㅣ 은정문화사

ISBN 978-89-7050-948-8 73410
값 11,800원

• 이 책의 국립중앙도서관 출판예정도서목록(CIP)은 서지정보유통지원시스템 홈페이지(http://seoji.nl.go.kr)와 국가자료공동
  목록시스템(http://www.nl.go.kr/kolisnet)에서 이용하실 수 있습니다.(CIP제어번호: CIP2018017962)
• 이 책의 저작권은 ㈜생능출판사와 지은이에게 있습니다. 무단 복제 및 전재를 금합니다.
• 잘못된 책은 구입한 서점에서 교환해 드립니다.

10분 안에 재미있고 다양한 퍼즐을 풀며
컴퓨팅 사고력을 키워요!

초등학생, 중학생 누구나 10분이면 풀 수 있는 112가지 논리 사고력 퍼즐입니다.
공부하기 전이나 쉬는 시간에 하나씩 풀면 집중력과 사고력이 올라갑니다.
모든 퍼즐에 제공되는 풀이 영상을 QR 코드를 이용해 바로 볼 수 있습니다.

　퍼즐을 푸는 것은 일정한 규칙에 따라 배열되어 있는 작은 문제를 논리적 추론을 통해 해결하면서 결국 전체 해답을 찾아내는 복잡한 문제 해결 과정입니다. 퍼즐을 풀기 위해서는 문제를 파악하고, 규칙을 이해하는 것이 매우 중요합니다. 퍼즐은 이러한 규칙을 이용하여 칸칸에 숨겨진 해답을 찾아내고, 찾아낸 해답을 단서로 삼아 다시 다른 문제를 해결하는 일련의 과정이 필요합니다.
　코딩 교육의 목적은 컴퓨팅 사고력을 키우는 데에 있습니다. 컴퓨팅 사고력(Computational Thinking)의 4가지 주요 요소, 즉 분해, 추상화, 패턴, 알고리즘도 이처럼 복잡한 문제를 해결하는 과정에서 필수적으로 사용되는 능력입니다.
　복잡한 퍼즐을 풀면서 발달하는 연역적・논리적 추론 능력, 집중력, 공간 지각력, 수학적 사고력, 문제 해결력 등은 컴퓨터를 이용해 복잡한 문제를 해결하는 코딩 교육에 큰 도움이 될 것입니다.
　난이도를 조절하여 초등학생과 중학생이 5~10분 이내에 풀 수 있도록 문제를 구성하였습니다. 퍼즐 풀이를 통해 코딩 능력을 키우고자 하는 아이들에게 큰 도움이 되길 바랍니다.

2018년 6월 30일
이재우 씀

차례

머리말 5

스도쿠 퍼즐

- 01 기본 스도쿠 10 | 02 홀짝 스도쿠 16
- 03 연속 스도쿠 22 | 04 지그소 스도쿠 28
- 05 부등호 스도쿠 34 | 06 크롭키 스도쿠 40
- 07 킬러 스도쿠 46

선 그리기 퍼즐

- 08 슬리더링크 54 | 09 브리지 60
- 10 넘버링크 66 | 11 히다토 72
- 12 라인스위퍼 78 | 13 테트라스퀘어 84
- 14 갤럭시 90

숫자 채우기 퍼즐

- 15 필로미노 98 | 16 바이너리 104
- 17 물결 효과 110 | 18 가쿠로 116
- 19 대각선합 122 | 20 캔캔 128
- 21 수식 완성 134

🐧 색칠하기 퍼즐

22 네모로직 142 | 23 지뢰 찾기 148
24 클라우드 154 | 25 배틀십 160
26 히토리 166 | 27 타파 172
28 누리카베 178

🐧 퍼즐 코딩 풀이

185

Puzzle

Sudoku Variations Puzzles

스도쿠
퍼즐

스도쿠는 세계적으로 가장 인기 있는 논리 사고력 퍼즐 중의 하나입니다. 규칙은 간단하지만 몇 분 만에 풀 수 있는 퍼즐부터 며칠이 걸리는 퍼즐까지 난이도가 다양합니다. 기본 스도쿠 이외에 다양하게 변형된 스도쿠가 있으며, 이런 퍼즐을 모아 매년 세계대회가 개최되고 있습니다. 이곳에서는 기본 스도쿠 퍼즐 이외에 대회에 출제되는 변형 퍼즐까지 총 7개의 퍼즐 유형에 28개의 퍼즐 문제를 담았습니다.

기본 스도쿠
Classic Sudoku

퍼즐 풀이 영상
http://hellosoft.co.kr/pz010

    스도쿠는 낱말 맞추기 퍼즐처럼 빈칸에 1~9까지의 숫자를 채워 넣는 숫자 퍼즐입니다. 바둑판 모양의 가로 9칸, 세로 9칸 격자 칸 중 일부에 미리 숫자가 주어지고, 이 숫자들을 길잡이 삼아 나머지 칸을 모두 채워 넣으면 됩니다. 기본 스도쿠는 가장 일반적인 스도쿠입니다.

퍼즐 규칙

❶ 9칸으로 이루어진 가로줄과 세로줄에는 1~9까지의 수가 중복되지 않게 한 번씩 들어가야 합니다.

❷ 가로 3칸, 세로 3칸으로 이루어진 굵은 선으로 된 박스에도 1~9까지의 수가 중복되지 않게 한 번씩 들어가야 합니다.

풀이 예시

8	6	4	5	3	9	7	2	1
	7			6	2	9		4
	9	1	4	7	8	5		3
4	8	6	3			1	7	9
3	1	9	6	8	7	4	5	
7	5		9	1	4		3	
		8			1		9	7
		7	8	4	3	6	1	5
1	3			9	6	2	4	8

8	6	4	5	3	9	7	2	1
5	7	3	1	6	2	9	8	4
2	9	1	4	7	8	5	6	3
4	8	6	3	2	5	1	7	9
3	1	9	6	8	7	4	5	2
7	5	2	9	1	4	8	3	6
6	4	8	2	5	1	3	9	7
9	2	7	8	4	3	6	1	5
1	3	5	7	9	6	2	4	8

: 풀이 알고리즘

1. 가운데 박스(3×3칸)에는 두 개의 칸이 비어 있습니다. 부족한 숫자는 2와 5입니다. 즉, 2, 5 또는 5, 2의 순서로 들어가야 하는데, 윗줄에 2가 있어서 중복되면 안 되므로 ☆ 칸에 2가 오고, 나머지 칸에 5가 오게 됩니다.

2. 오른쪽 그림에서 ☆ 칸이 있는 박스에는 숫자 6이 들어가야 합니다. 이미 첫 번째 가로줄과 두 번째 가로줄에는 6이 있으므로, 세 번째 줄인 ☆ 칸에 6이 들어가야 합니다.

3. 오른쪽 그림에서 ☆ 칸이 있는 박스에도 숫자 6이 들어가야 합니다. 비어 있는 칸이 4개인데, 3개의 칸은 가로줄과 세로줄에 이미 6이 들어가 있습니다. 그러므로 중복되지 않는 ☆ 칸에 6이 들어가야 합니다.

기본 스도쿠 1

7	1	8	3	9	5	4	2	6
2		6	7	8		9	5	3
9	3	5	6	2	4		1	7
3		4	8	1	2	5	6	9
8	9		5	6			3	
5		1	4	3	9	7	8	2
4	2	7	1	5		6	9	
1	8		2		6	3	4	
6	5	3	9	4	8	2	7	1

퍼즐 풀이 영상
http://hellosoft.co.kr/pz011

Puzzle

기본 스도쿠 2

3	1	7	8		5		9	4
6	5	8	4	2	9	1	3	7
9		4		3	1		5	8
4	6	5		1	7		8	2
7		9		8	2	4	6	1
2	8	1	3	4	6	9	7	5
8	9	3			4	7	2	
5	4	2	6	7	3	8	1	
1			2	9	8	5	4	

퍼즐 풀이 영상
http://hellosoft.co.kr/pz012

기본 스도쿠 3

	2	3	6	1	9	7	4	
	9		5				6	
6	5	4	8	7	3	1	9	2
2	1			7			5	6
3	7	5	4	6	1	2	8	9
9	4			8			1	7
	8	2	7	5	6	9	3	1
5	3		1				2	
	6	9	3	2	8	5	7	

퍼즐 풀이 영상
http://hellosoft.co.kr/pz013

Puzzle

기본 스도쿠 4

1	9	8	5	7	3	6	2	4
3			2	8	6	1		
7	6		1	9	4		8	5
4	8	9				7	6	2
2	1	7				9	5	3
5	3	6				4	1	8
8		3	6	4	9	5		
			7	5	2			6
6	7	5	8	3	1	2	4	9

퍼즐 풀이 영상
http://hellosoft.co.kr/pz014

홀짝 스도쿠
Odd/Even Sudoku

퍼즐 풀이 영상
http://hellosoft.co.kr/pz020

홀짝 스도쿠는 기본 스도쿠를 변형한 퍼즐입니다. 빈칸에 들어가는 숫자가 짝수(2, 4, 6, 8)인 칸에는 미리 색칠이 되어 있습니다. 홀짝 힌트가 추가되기 때문에 문제가 쉬워지는데, 대신 미리 주어지는 숫자 힌트의 개수는 더 적습니다.

퍼즐 규칙

❶ 9칸으로 이루어진 가로줄과 세로줄에는 1~9까지의 수가 중복되지 않게 한 번씩 들어가야 합니다.

❷ 가로 3칸, 세로 3칸으로 이루어진 굵은 선으로 된 박스에도 1~9까지의 수가 중복되지 않게 한 번씩 들어가야 합니다.

❸ 색칠이 된 칸에는 짝수(2, 4, 6, 8)만 들어가야 합니다. 색칠이 되지 않은 칸에는 홀수(1, 3, 5, 7, 9)만 들어가야 합니다.

풀이 예시

:풀이 알고리즘

1. 홀짝 스도쿠는 스도쿠의 규칙을 따릅니다. ☆ 칸에는 숫자 8이 들어가야 합니다. 오른쪽 아래 박스에는 숫자 8이 들어가야 하는데, 8번째 열과 9번째 열에 이미 8이 있기 때문에 7번째 열에 8이 와야 합니다. 7번째 열에 비어 있는 칸은 ☆ 칸밖에 없습니다.

2. 색칠된 칸에는 짝수가 와야 하고 흰색 칸에는 홀수가 와야 합니다. ☆ 칸에는 숫자 6이 와야 합니다. 오른쪽 아래 박스에는 6이 들어가야 하는데, 짝수가 들어갈 수 있는 색칠된 칸은 ☆ 칸밖에 없습니다.

3. ☆ 칸에는 숫자 2가 와야 합니다. 왼쪽 위 박스에는 숫자 2가 와야 하는데, 색칠된 칸은 첫 번째 열과 두 번째 열에 하나씩 있습니다. 그런데 첫 번째 열에는 이미 숫자 2가 들어가 있으므로 2가 들어갈 수 있는 칸은 ☆ 칸밖에 없습니다.

홀짝 스도쿠 1

4		6		8		9		7
8	7	9	1	3	4	2	5	
	5	1	6	7			8	4
	4			2	8	6	3	
3	8	2	4		1	5		9
1		5	7		3	4	2	
7		4		5	2	1	6	3
6	2		9	1			4	
5		8	3	4		7		2

퍼즐 풀이 영상
http://hellosoft.co.kr/pz021

Puzzle

홀짝 스도쿠 2

6	3			1	8		7	2	4

6	3		1	8		7	2	4
7	1			2	3	5	6	
5		4	7		9	1	8	
1		2	5	3			9	7
9	7	3		4	1		5	6
8	4			7	6	3	1	2
4		6	3	1	2	9	7	
3	9		6				4	8
	5	7	8	9	4	6	3	

퍼즐 풀이 영상
http://hellosoft.co.kr/pz022

홀짝 스도쿠 3

5	1		7	9	8	3		4
7		8		6				5
4		6	3		1	7	8	
3		7		8	9	2	5	
	8	9	1	4	5	6	7	3
	6	5	2				9	
8			9	3	6	1		
	2	3	8			5	4	9
9			1	5		4		6

퍼즐 풀이 영상
http://hellosoft.co.kr/pz023

Puzzle

홀짝 스도쿠 4

	6	1	9	5			4	2
7	8	4	3	6	2	9		1
	5							
8	1		2	9	4	7	3	5
2	9					4		
	3	7	5	8	1	6	2	
5			6		9	1	8	4
6		8	4	1			9	3
		9	8		3		7	

퍼즐 풀이 영상
http://hellosoft.co.kr/pz024

연속 스도쿠
Consecutive Sudoku

퍼즐 풀이 영상
http://hellosoft.co.kr/pz030

연속 스도쿠는 기본 스도쿠를 변형한 퍼즐입니다. 상하좌우로 붙어 있는 두 수가 서로 연속된 수(1만큼 차이 나는 경우)이면 두 칸 사이에 연속 기호가 있습니다. 연속 기호를 통해 숫자의 범위를 알 수 있는 만큼 문제가 쉬워지는데, 대신 미리 주어지는 숫자 힌트의 개수는 더 적습니다.

: 퍼즐 규칙

❶ 9칸으로 이루어진 가로줄과 세로줄에는 1~9까지의 수가 중복되지 않게 한 번씩 들어가야 합니다.

❷ 가로 3칸, 세로 3칸으로 이루어진 굵은 선으로 된 박스에도 1~9까지의 수가 중복되지 않게 한 번씩 들어가야 합니다.

❸ 두 칸 사이에 연속 기호가 있으면 두 숫자는 서로 연속되어야 합니다. 반대로 연속 기호가 없을 경우 두 숫자는 연속되면 안 됩니다.

: 풀이 예시

: 풀이 알고리즘

1. 숫자 1 옆에 연속 기호가 있는 경우 해당 칸에는 무조건 2가 들어가게 됩니다. 마찬가지로 숫자 9 옆에 연속 기호가 있는 경우에는 해당 칸에 8이 들어갑니다. 따라서 ☆ 칸에는 2가 들어갑니다.

2. 연속 기호의 규칙과 스도쿠의 규칙을 결합해서 수를 찾아낼 수 있습니다. ☆ 칸에는 3과 연속된 수인 2 또는 4가 올 수 있습니다. 그런데 같은 박스에 이미 숫자 2가 있으므로, ☆ 칸에는 4가 오게 됩니다.

3. 스도쿠의 원리도 생각하며 문제를 풀어야 합니다. 한가운데 박스에는 3개의 칸에 숫자 6, 8, 9가 들어가야 합니다. 그런데 숫자 8을 보았을 때 위의 두 칸이 속한 가로줄에는 이미 8이 존재합니다. 그러므로 ☆ 칸에 숫자 8이 들어가야 합니다.

연속 스도쿠 1

8		3	1	7	4	2		5
6	7		5		9	4	1	
4	1	5		2		7	3	9
7	3		2		5		8	
5	2	4		8	6	1	9	3
9	6		3		1	5	7	
1	8	9	4	5	7	3		6
3	5		8		2	9	4	1
2		6		1	3	8		7

퍼즐 풀이 영상
http://hellosoft.co.kr/pz031

Puzzle

연속 스도쿠 2

7	3	6	9	5	8	4	1	2
	4		6	3	2	7	5	8
8			7	4	1			3
4	2	3	5	9	6	8	7	1
6	8	5	1	7		2	9	4
1	7	9				5	3	6
5		4	2	1	7	3		
3	1		4	8	9	6	2	5
		8	3	6	5	1	4	7

퍼즐 풀이 영상
http://hellosoft.co.kr/pz032

연속 스도쿠 3

Puzzle

연속 스도쿠 4

	6	2	5		4	9	1	3
	1	5					2	
4			6	2		7		5
5	9	1			6	2		7
		7		1	5	8	6	9
2			9	3		1		4
1	5	4	3	7	8			2
	2					3	7	1
9	7	3	1		2	5	4	

퍼즐 풀이 영상
http://hellosoft.co.kr/pz034

지그소 스도쿠
Irregular Sudoku

퍼즐 풀이 영상
http://hellosoft.co.kr/pz040

지그소 스도쿠는 기본 스도쿠를 변형한 퍼즐입니다. 기본 스도쿠는 내부에 3×3칸의 박스가 같은 크기로 있는 반면에, 지그소 스도쿠에서는 박스가 다양한 형태로 다양한 위치에 있습니다. 이렇게 제멋대로 생긴 박스 모양 때문에 좀 더 복잡한 풀이 알고리즘이 필요합니다.

퍼즐 규칙

❶ 9칸으로 이루어진 가로줄과 세로줄에는 1~9까지의 수가 중복되지 않게 한 번씩 들어가야 합니다.
❷ 굵은 선으로 나뉜 다양한 모양의 박스에도 1~9까지의 수가 중복되지 않게 한 번씩 들어가야 합니다.

풀이 예시

3		5	9	6		8	7	4
7		3		2	4	1		8
	7	1		4	2	6	3	5
4		6	3	5		9		1
	6	9		1	8	7	4	3
1		7				2		6
2	5	8	7	3	6	4	1	9
8		4		7		5		2
6	4	2	1	8	9	3	5	7

3	2	5	9	6	1	8	7	4
7	9	3	5	2	4	1	6	8
9	7	1	8	4	2	6	3	5
4	8	6	3	5	7	9	2	1
5	6	9	2	1	8	7	4	3
1	3	7	4	9	5	2	8	6
2	5	8	7	3	6	4	1	9
8	1	4	6	7	3	5	9	2
6	4	2	1	8	9	3	5	7

: 풀이 알고리즘

1. ☆ 칸이 있는 박스(굵은 테두리가 있는 영역)에는 1~9까지의 숫자 중에 1이 빠져 있습니다. 모든 박스에는 1~9까지의 숫자가 빠짐없이 들어가야 하므로 ☆ 칸에는 1이 들어갑니다.

2. 두 개의 ☆ 칸이 있는 박스에는 숫자 2와 6이 빠져 있습니다. ☆ 칸 중에 하나에는 2가, 하나에는 6이 들어가야 합니다. 그런데 두 번째 줄에는 이미 숫자 2가 있고, 네 번째 줄에는 숫자 6이 있습니다. 그러므로 위의 ☆ 칸에는 6이, 아래 ☆ 칸에는 2가 오게 됩니다.

3. ○ 칸은 1~9 숫자 중에 같은 열에 있는 △ 칸의 숫자를 뺀 것입니다. ☆ 칸은 1~9 숫자 중에 같은 박스에 있는 △ 칸의 숫자를 뺀 것입니다. 그러므로 결국 ○ 칸과 ☆ 칸의 숫자는 동일합니다. ☆ 칸에는 2와 8이 들어가야 하는데, 첫 번째 열에 이미 8이 있으므로 순서대로 2와 8이 들어갑니다.

지그소 스도쿠 1

4	6		3	5	2	1		9
9	8	1	2	4	6	7	3	5
2	4	8	9		5	3	7	1
7	3	5	1		8	6	9	
1	7	6	5	9	4	8		3
8	1		4	7	3	2	5	6
5	2	3	6		9	4	1	7
3	9		8	1	7	5	6	2
6	5		7	3	1	9		8

퍼즐 풀이 영상
http://hellosoft.co.kr/pz041

지그소 스도쿠 2

9	3	5	6	8	1	4	2	7
	1	2	9	3	6	5	4	8
		6	7	5	2	3	1	9
8	2	1		7		6	5	3
3	5	4		1			9	6
6	9	7	8		5		3	2
1	7	9		6	4		8	5
2	4	3	5	9	7		6	1
	5	6	8	1	2	3	9	

퍼즐 풀이 영상
http://hellosoft.co.kr/pz042

지그소 스도쿠 3

3	7	2	5	9	4	6	8	1
6			3	1			7	4
2			1	7			3	9
1			8	5			2	6
8	3	4	9	2	6	7	1	5
9		1	2	3		8	4	7
4			7	8		2	6	3
7				4		1	5	8
5	1	8	4	6	7	3	9	2

퍼즐 풀이 영상
http://hellosoft.co.kr/pz043

Puzzle

지그소 스도쿠 4

					2	3	5	9
		6	4	7	5	2		1
		8	9	3	7	6		4
5	7	4	2	1	3			8
3	8	1	7	6	9			
4	6	2	5	9	1	8		
1	9			2	8	4	7	5
8	4		1	5	6	7	2	3
7	2	5	3	8	4	1	9	6

퍼즐 풀이 영상
http://hellosoft.co.kr/pz044

부등호 스도쿠
Greater Than Sudoku

퍼즐 풀이 영상
http://hellosoft.co.kr/pz050

부등호 스도쿠는 기본 스도쿠를 변형한 퍼즐입니다. 붙어 있는 두 칸 사이에 부등호 기호가 있는데, 어떤 칸에 더 큰 숫자가 들어 있는지 알려 줍니다. 이 부등호 기호를 이용해서 칸에 들어갈 수를 알아내거나 범위를 좁힐 수 있습니다.

: 퍼즐 규칙

❶ 9칸으로 이루어진 가로줄과 세로줄에는 1~9까지의 수가 중복되지 않게 한 번씩 들어가야 합니다.

❷ 가로 3칸, 세로 3칸으로 이루어진 굵은 선으로 된 박스에도 1~9까지의 수가 중복되지 않게 한 번씩 들어가야 합니다.

❸ 인접한 두 칸에 들어가는 수는 두 수 사이에 있는 부등호 규칙에 맞아야 합니다.

: 풀이 예시

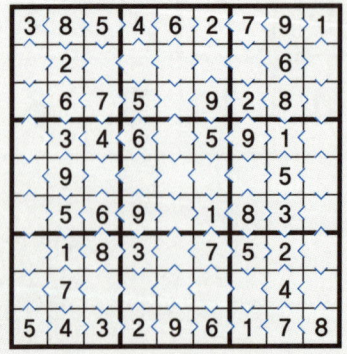

: 풀이 알고리즘

1. 빈칸 중에서 2보다 작은 수는 무조건 1이 되고, 8보다 큰 수는 무조건 9가 됩니다. 오른쪽 그림에서 ☆ 칸은 2보다 작은 수이기 때문에 1이 됩니다.

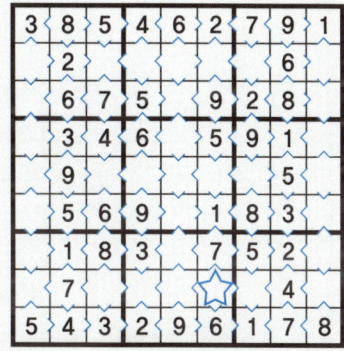

2. 부등호 기호의 원리에 스도쿠의 규칙을 결합하여 문제를 해결할 수 있습니다. 오른쪽 그림에서 ☆ 칸은 7보다 큰 수이므로 8 또는 9인데, 9가 이미 같은 박스 안에 있기 때문에 ☆ 칸에는 8이 오게 됩니다.

3. 스도쿠의 원리에 부등호를 추가하여 문제를 해결할 수 있습니다. 오른쪽 그림에서 ☆ 칸이 포함된 박스에는 숫자 2가 없습니다. 첫 번째 열과 두 번째 열에는 이미 2가 있기 때문에 마지막 열에 2가 들어가야 합니다. 그런데 부등호를 보면 2는 나머지 숫자보다 항상 더 작아야 하므로 ☆ 칸이 2가 됩니다.

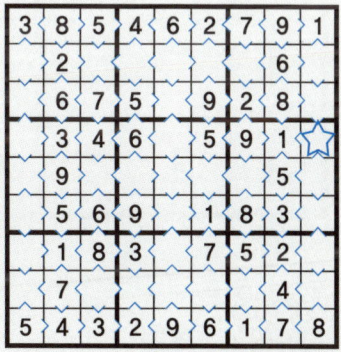

부등호 스도쿠 1

9	6	2	3	1	5	7	4	8
8	4	3				5	6	1
5		1	4	6	8	9		3
6	3	4	5		9	8		2
2	5	8	1	4	3	6		9
1		7	2	8	6	4	3	5
7	1	6	8	5	2	3		4
4				3			5	6
3	2	5	6	9	4	1	8	7

퍼즐 풀이 영상
http://hellosoft.co.kr/pz051

Puzzle

부등호 스도쿠 2

5	8	2	3	6	4	7	9	
7	6	3	5	1		4		8
1	9	4	7		8	5	3	6
3	4	9		5		6		2
	5		9	3	6		1	4
6		8		4		3	5	9
4	7	5	1		2		6	3
9		6	4	7	3	1		5
	3	1	6	9	5	2	4	

퍼즐 풀이 영상
http://hellosoft.co.kr/pz052

부등호 스도쿠 3

퍼즐 풀이 영상
http://hellosoft.co.kr/pz053

Puzzle

부등호 스도쿠 4

크롭키 스도쿠
Kropki Sudoku

퍼즐 풀이 영상
http://hellosoft.co.kr/pz060

크롭키 스도쿠는 기본 스도쿠를 변형한 퍼즐입니다. 일부의 칸 사이에는 파란색 점 또는 흰색 점이 있는데, 이것은 두 수가 일정한 관계에 있는지를 알려줍니다. 이 점을 이용해서 빈칸의 숫자를 알아내거나 범위를 좁힐 수 있습니다.

퍼즐 규칙

❶ 9칸으로 이루어진 가로줄과 세로줄에는 1~9까지의 수가 중복되지 않게 한 번씩 들어가야 합니다.

❷ 가로 3칸, 세로 3칸으로 이루어진 굵은 선으로 된 박스에도 1~9까지의 수가 중복되지 않게 한 번씩 들어가야 합니다.

❸ 두 칸 사이에 흰색 점이 있을 경우 두 수는 서로 연속된(차이가 1이 나는) 수입니다. 두 칸 사이에 파란색 점이 있을 경우 하나의 수가 다른 수의 2배가 되는 수입니다.(1과 2, 2와 4, 3과 6, 4와 8)

풀이 예시

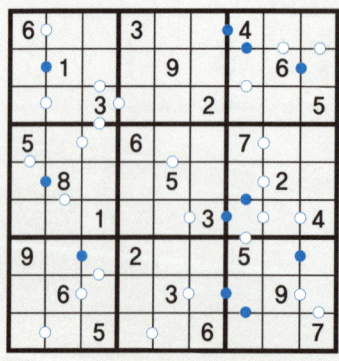

:풀이 알고리즘

1. 두 숫자 사이에 파란색 점이 있으면 두 수는 서로 2배가 되는 수입니다. 숫자 1 또는 숫자 8 옆에 파란색 점이 있는 경우에는 다른 숫자를 알아내기 쉽습니다. ☆ 칸에는 1의 2배가 되는 숫자 2가 들어가야 합니다.

2. 두 숫자 사이에 흰색 점이 있으면 두 수는 서로 연속되는 수입니다. 숫자 1 또는 숫자 9 옆에 흰색 점이 있으면 다른 숫자를 알아내기 쉽습니다. ☆ 칸에는 9와 연속된 숫자 8이 와야 합니다.

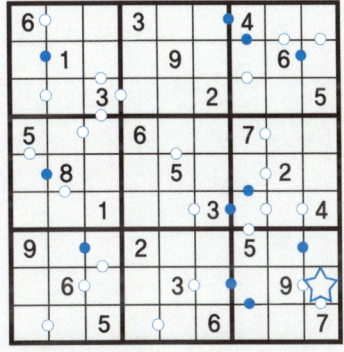

3. 크롭키 스도쿠의 규칙과 기본 스도쿠의 규칙을 함께 적용해서 수를 찾아낼 수 있습니다. ☆ 칸에는 숫자 3과 연속되는 숫자 2 또는 숫자 4가 올 수 있습니다. 그런데 같은 열에 이미 숫자 2가 있습니다. 따라서 ☆ 칸에는 숫자 4가 와야 합니다.

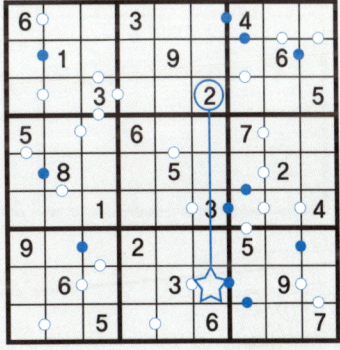

크롭키 스도쿠 1

Puzzle

크롭키 스도쿠 2

퍼즐 풀이 영상
http://hellosoft.co.kr/pz062

크롭키 스도쿠 3

퍼즐 풀이 영상
http://hellosoft.co.kr/pz063

Puzzle

크롭키 스도쿠 4

퍼즐 풀이 영상
http://hellosoft.co.kr/pz064

킬러 스도쿠
Killer Sudoku

퍼즐 풀이 영상
http://hellosoft.co.kr/pz070

킬러 스도쿠는 기본 스도쿠를 변형한 퍼즐입니다. 킬러 스도쿠는 기본 스도쿠에 수학의 집합과 덧셈 개념이 추가되었습니다. 킬러 스도쿠에는 점선으로 이루어진 그물이 있습니다. 그리고 각각의 그물에는 숫자의 총합을 나타내는 작은 숫자가 적혀 있습니다.

퍼즐 규칙

❶ 9칸으로 이루어진 가로줄과 세로줄에는 1~9까지의 수가 중복되지 않게 한 번씩 들어가야 합니다.
❷ 가로 3칸, 세로 3칸으로 이루어진 굵은 선으로 된 박스에도 1~9까지의 수가 중복되지 않게 한 번씩 들어가야 합니다.
❸ 점선으로 이루어진 그물 위에 작게 쓰인 수는 그물이 감싸고 있는 모든 칸의 수를 합한 수입니다.

풀이 예시

풀이 알고리즘

1. 한 칸짜리 그물은 빈칸에 들어가는 숫자와 그물의 합이 같습니다. 따라서 ☆ 칸에는 그물의 합과 같은 숫자 1이 들어갑니다.

2. 두 칸짜리 그물에서 하나의 숫자를 안다면 그물의 합에서 그 숫자를 빼면 빈칸의 숫자가 나옵니다. ☆ 칸이 속한 그물은 두 칸의 합이 5인데, 하나의 칸의 숫자가 3입니다. 따라서 ☆ 칸에는 숫자 2가 들어갑니다.

3. 두 개의 그물을 서로 연관지어 답을 찾아낼 수 있습니다. ☆ 칸이 속해 있는 박스(3×3칸)에는 숫자 4, 6, 7번이 빠져 있습니다. 그런데 ☆ 칸 아래에 있는 그물에는 합이 10이 되는 두 숫자 (4, 6)가 와야 합니다. 그러므로 ☆ 칸에는 남은 수인 숫자 7이 오게 됩니다.

킬러 스도쿠 1

퍼즐 풀이 영상
http://hellosoft.co.kr/pz071

puzzle

킬러 스도쿠 2

⁵1	4	⁸5		²⁵	8		9	⁷
¹²9	3	¹⁵8	7	⁸	5	¹¹	1	4
¹⁵7	⁸6	2	¹⁴	1	¹³	¹⁹	¹⁸8	¹¹
	¹⁰9		2	¹²5	4	7	3	
⁵	¹⁶5		8	7	¹⁰6	9		⁹
	7	¹⁵	9	3	1	¹²	5	8
⁴	¹¹	9	²⁰	8		1	⁹6	3
⁶	1	¹⁰	6	⁹	⁹3	¹²8	4	¹¹2
¹⁴	8	3	1	4		¹²5	7	9

퍼즐 풀이 영상
http://hellosoft.co.kr/pz072

킬러 스도쿠 3

¹⁶9		⁸6	¹¹	³3	¹³	⁵1		¹³5
⁷	3			9	⁷5	¹³	6	
¹²1		¹²5		6	¹³	9	²2	⁵3
	¹²4		¹⁵1	¹¹6		¹⁰7	2	
⁷6		9		2	¹⁵8		¹³4	
¹²	⁹2		⁷4	¹¹	3	⁷1		
7	¹⁰	1		⁷5		¹⁵4	¹⁴	6
¹³	5	⁷	¹⁴6	⁵	1		9	⁸
⁸2			4	¹⁶7		⁸3		1

퍼즐 풀이 영상
http://hellosoft.co.kr/pz073

Puzzle

킬러 스도쿠 4

Puzzle

Path and Region Division Puzzles

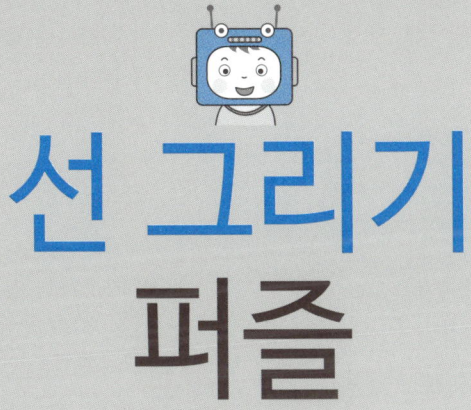

선 그리기 퍼즐

선 그리기 퍼즐은 주어진 힌트(위치, 수치)를 이용하여 길을 만들거나 전체 영역을 선으로 나누는 퍼즐입니다. 선을 그리려면 두 개 이상의 점을 서로 연결해야 하기 때문에 주변의 힌트를 종합적으로 파악하는 것이 중요합니다. 이곳에서는 선 그리기 퍼즐 중에서 가장 대표적인 7개의 퍼즐 유형과 28개의 퍼즐 문제를 담았습니다.

슬리더링크
SlitherLink

퍼즐 풀이 영상
http://hellosoft.co.kr/pz080

슬리더링크는 펜스(Fences), 루프더루프(Loop the Loop), 도티딜레마(Dotty Dilemma), 슬리린(Sli-Lin) 등의 다른 이름을 가지고 있습니다. 격자로 된 퍼즐 판 위에 정해진 규칙에 따라 선을 그려서 단 하나의 연결 고리를 만드는 퍼즐입니다. 비교적 간단한 규칙으로 게임 등에서 다양하게 사용됩니다.

퍼즐 규칙

❶ 격자무늬 위의 점을 서로 연결하여 하나의 선으로 연결된 고리를 만듭니다.
❷ 각 칸에 쓰여진 0~3의 숫자는 칸의 상하좌우 4개의 면 중 직선이 그려지는 면의 개수를 나타냅니다.
❸ 모든 점이 선으로 연결될 필요는 없습니다.

풀이 예시

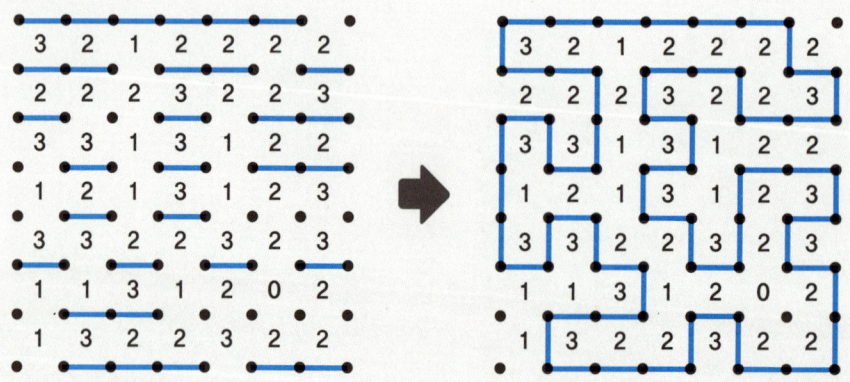

:풀이 알고리즘

1. 각각의 숫자 칸은 그 숫자만큼의 직선으로 둘러싸여야 합니다. 숫자 0이 있는 칸은 상하좌우 4개의 면에 직선이 하나도 올 수 없습니다. 오른쪽 그림과 같이 직선이 올 수 없는 곳은 '×' 표시를 해 두면 퍼즐을 풀기 쉽습니다.

2. 직선은 서로 교차하거나 나누어질 수 없습니다. 오른쪽 그림에서 왼쪽 위 숫자 3이 적힌 칸을 살펴보면 숫자는 3인데, 2개의 직선이 있으므로 직선 하나가 더 그려져야 합니다. 그런데 오른쪽 면에 직선을 그리면 선이 서로 교차하게 되므로 왼쪽 면에 직선을 그려야 합니다.

3. 선은 하나로 쭉 이어져야 합니다. 오른쪽 그림에서 오른쪽 위 숫자 2가 적힌 칸을 살펴보면 직선 하나가 더 필요한데, 위쪽이나 오른쪽에 직선을 그리면 선이 연결되지 않고 끊기게 됩니다. 그러므로 왼쪽에 선이 연결되어야 합니다.

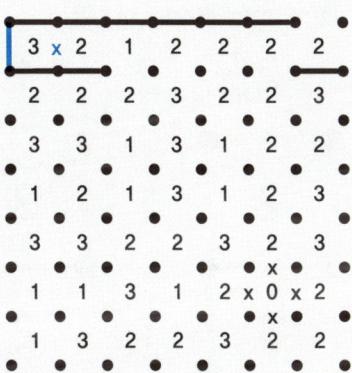

슬리더링크 1

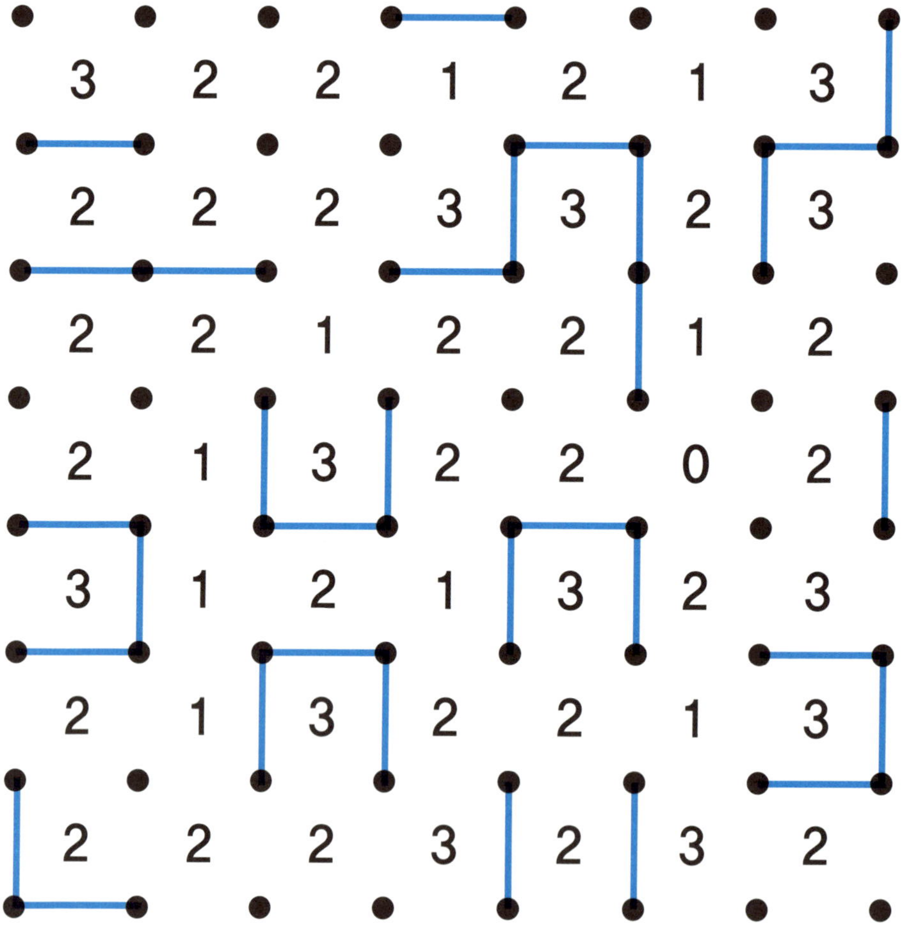

Puzzle

슬리더링크 2

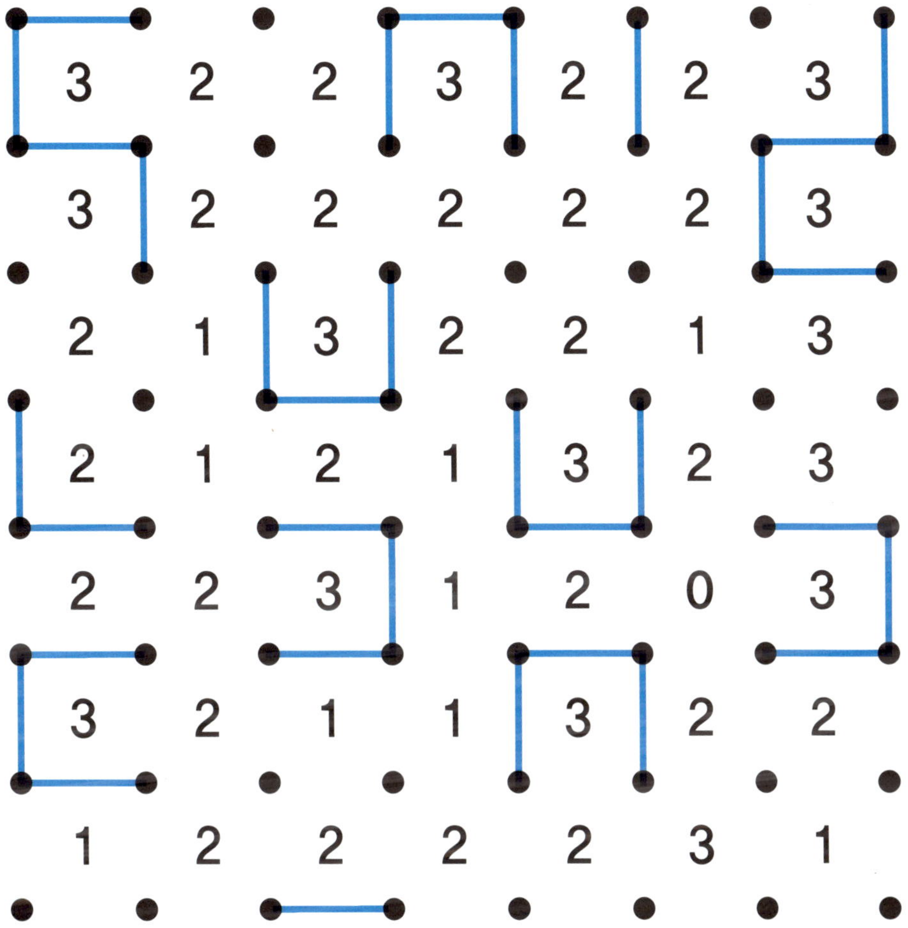

퍼즐 풀이 영상
http://hellosoft.co.kr/pz082

puzzle

슬리더링크 3

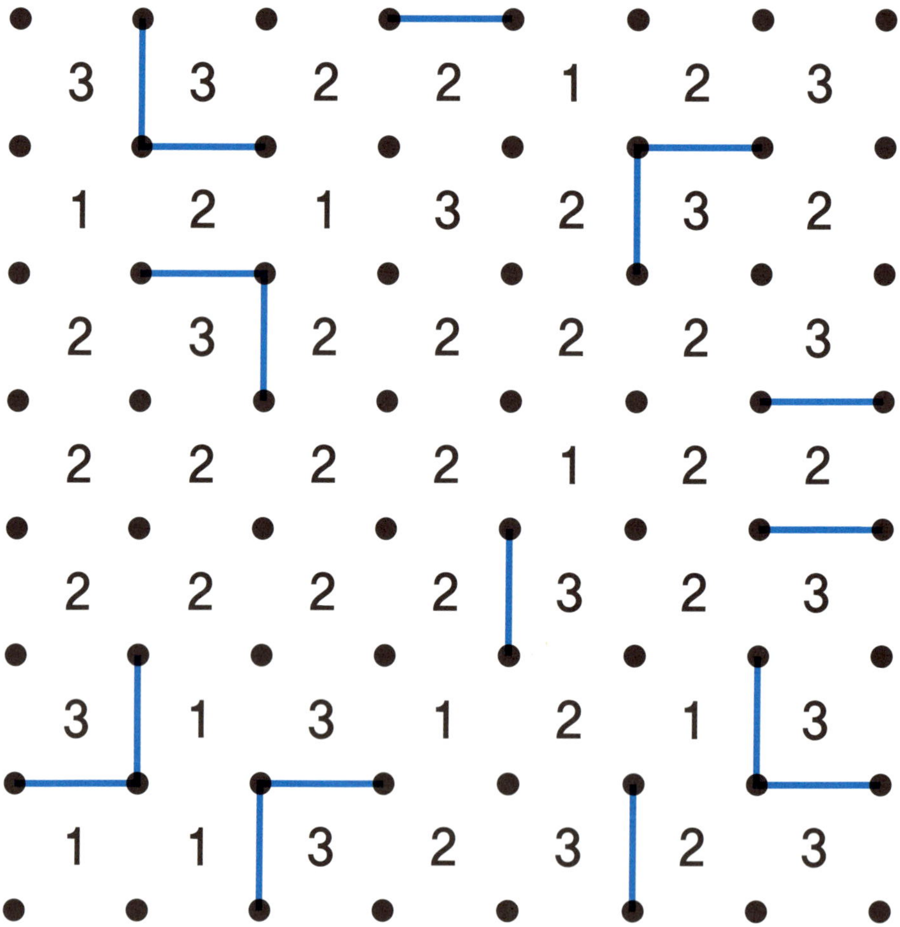

퍼즐 풀이 영상
http://hellosoft.co.kr/pz083

Puzzle

슬리더링크 4

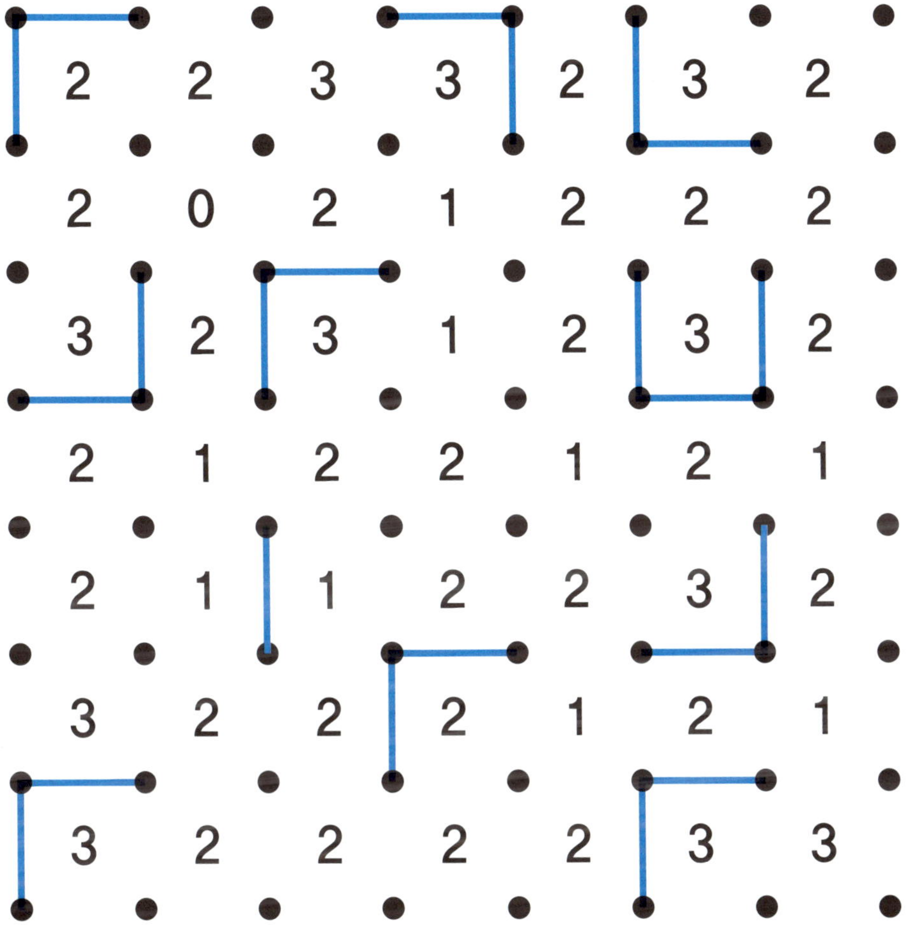

퍼즐 풀이 영상
http://hellosoft.co.kr/pz084

59

브리지
Bridge

퍼즐 풀이 영상
http://hellosoft.co.kr/pz090

　브리지는 하시오카케로(Hashiokakero), 하시(Hashi), 춥스틱스(Chopsticks), 아이키아이(Ai-Ki-Ai) 등의 다른 이름을 가지고 있습니다. 숫자가 있는 동그라미(섬)를 직선(다리)으로 연결하는 퍼즐입니다. 고립된 섬이 없이 다리를 통해 모든 섬이 연결되도록 합니다.

퍼즐 규칙

❶ 숫자가 적힌 동그라미를 수평선이나 수직선으로 연결하여 모든 동그라미가 연결되도록 합니다.
❷ 각각의 동그라미는 적힌 숫자만큼의 직선으로 연결되어야 하는데, 같은 동그라미 사이에는 최대 2개의 직선이 연결될 수 있습니다.
❸ 모든 직선은 서로 교차하면 안 됩니다.

풀이 예시

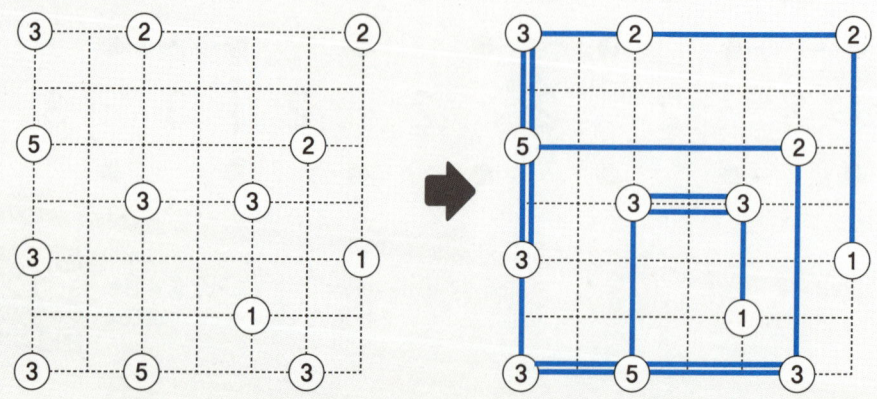

🔷 풀이 알고리즘

1. 동그라미는 수평선 또는 수직선으로만 연결할 수 있습니다. 오른쪽 그림에서 1이 적힌 동그라미는 수평선 또는 수직선으로 연결할 수 있는 동그라미가 위에 있는 3번 동그라미밖에 없습니다. 그러므로 두 동그라미를 연결합니다.

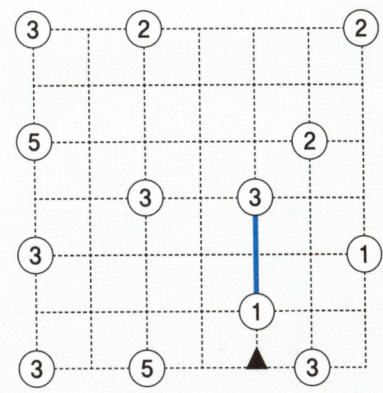

2. 직선은 서로 교차할 수 없습니다. 오른쪽 그림에서 1이 적힌 동그라미는 원래는 수평선과 수직선으로 연결이 가능했습니다. 하지만 왼쪽에 다른 직선이 생기면서 수평선으로 연결하는 길을 막아 버렸습니다. 때문에 수직선으로 2번 동그라미에 연결할 수밖에 없습니다.

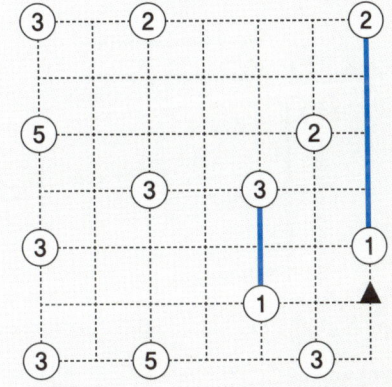

3. 5가 적힌 동그라미는 다른 3개의 동그라미와 5개의 직선으로 연결되어야 합니다. 하나의 동그라미와는 2개의 직선만 연결할 수 있으므로 2개, 2개, 1개의 직선이 연결됩니다. 따라서 한 동그라미마다 적어도 하나의 직선은 무조건 연결되므로 오른쪽 그림처럼 연결할 수 있습니다.

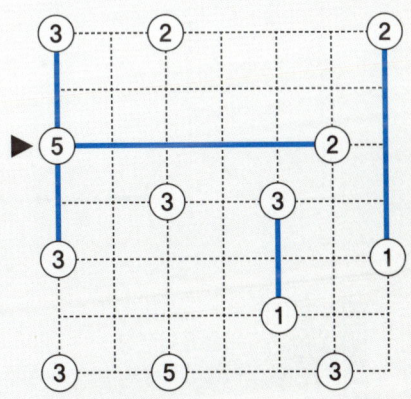

브리지 1

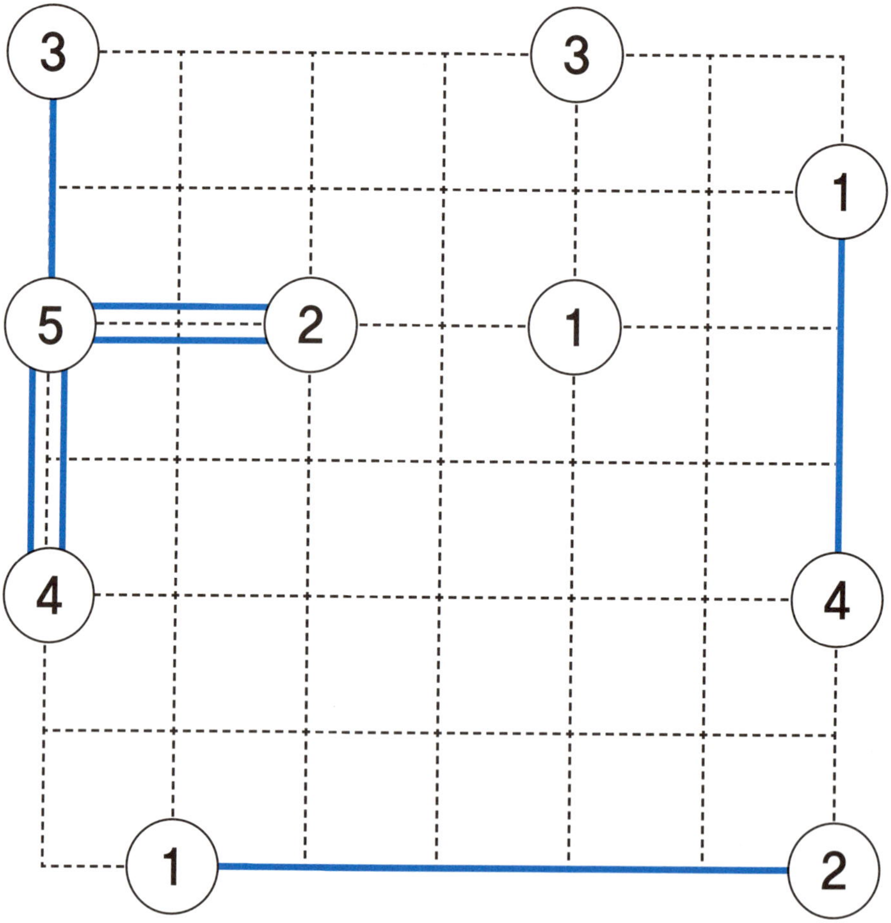

퍼즐 풀이 영상
http://hellosoft.co.kr/pz091

Puzzle

브리지 2

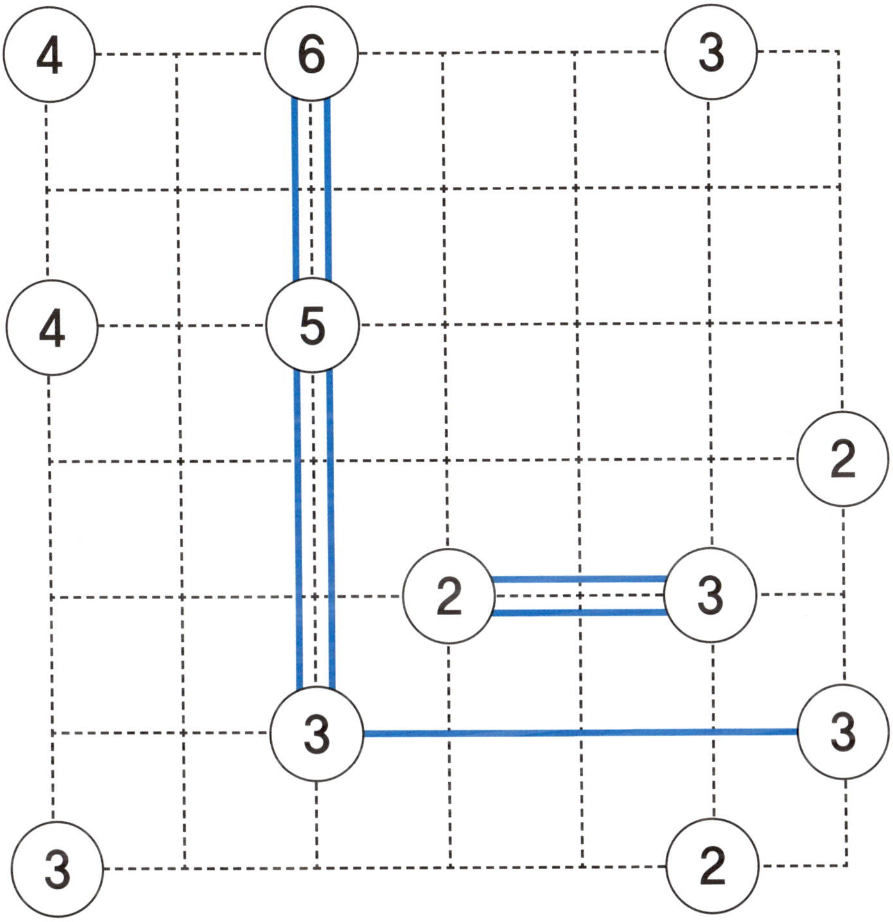

퍼즐 풀이 영상
http://hellosoft.co.kr/pz092

브리지 3

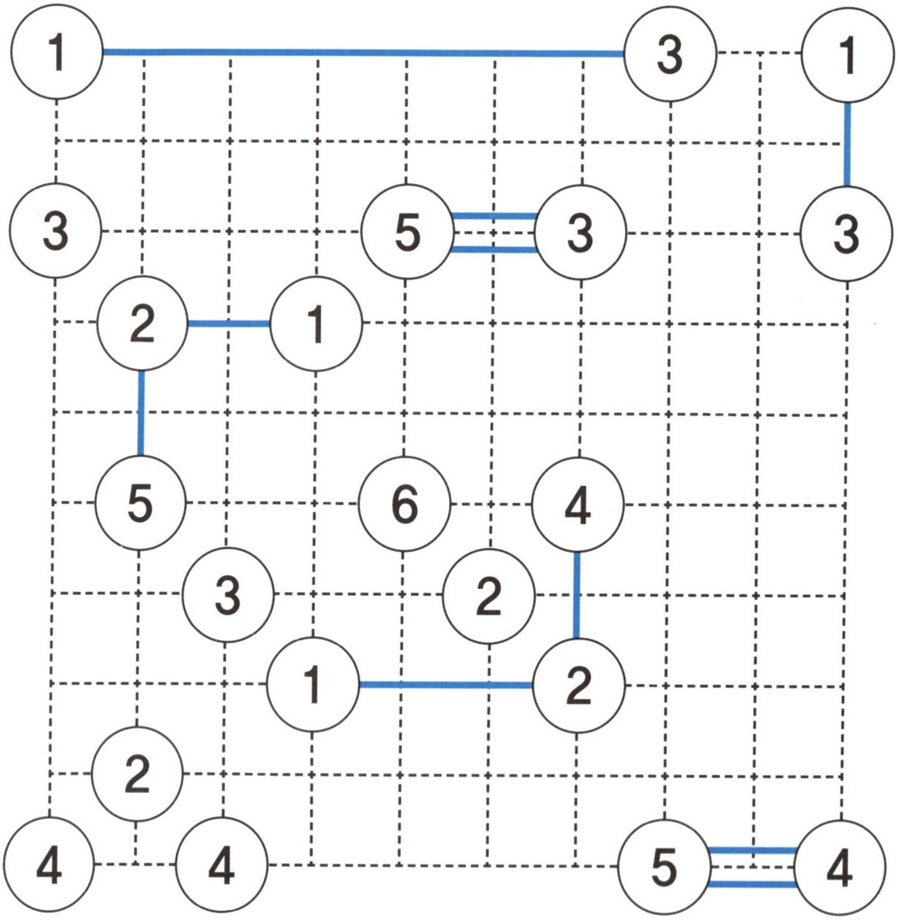

퍼즐 풀이 영상
http://hellosoft.co.kr/pz093

Puzzle

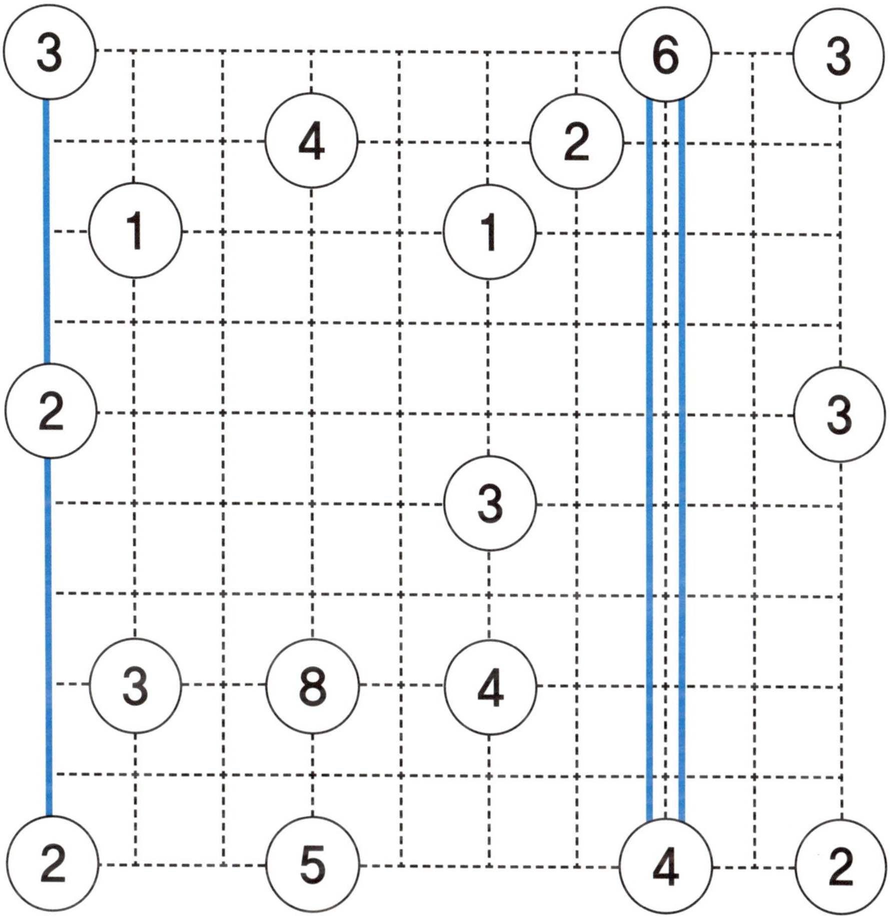

브리지 4

넘버링크
Number Link

퍼즐 풀이 영상
http://hellosoft.co.kr/pz100

넘버링크는 아루콘(Arukone), 플로라인(Flow Line), 알파벳커넥션(Alphabet Connection) 등으로도 불리는 선 그리기 퍼즐입니다. 격자무늬 위에 있는 숫자를 같은 것끼리 서로 겹치지 않게 연결하는 퍼즐입니다. 선은 서로 교차하거나 맞닿아서는 안 됩니다.

퍼즐 규칙

❶ 격자 형태의 퍼즐 판 일부에 한 쌍의 숫자가 여러 개 적혀 있습니다.
❷ 칸을 통과하는 구부러진 형태의 직선으로 같은 숫자를 각각 연결합니다.
❸ 연결하는 선은 서로 교차하거나 숫자가 적힌 칸을 관통할 수 없습니다.
❹ 빈칸이 남지 않도록 모든 칸을 사용해야 합니다.

풀이 예시

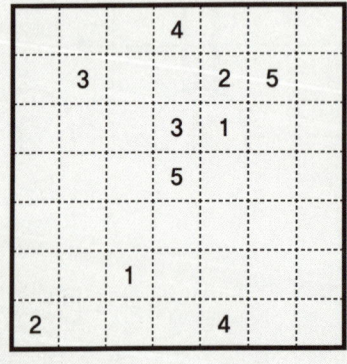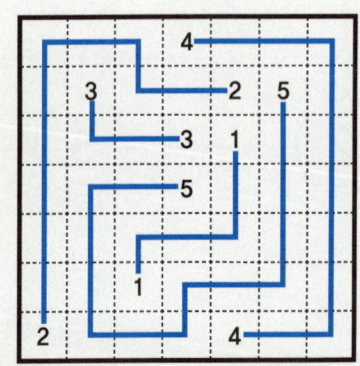

:풀이 알고리즘

1. 규칙에 따라 모든 칸에 선이 지나가야 합니다. 특히, 모서리 중에서 숫자가 없는 부분은 일정한 패턴이 생기기 쉽습니다. 일반적으로 모서리에 붙은 칸은 직각으로 꺾인 직선이 생기게 됩니다. 또한 모서리에서 한 칸 떨어진 곳도 직각으로 꺾인 직선이 생기게 됩니다.

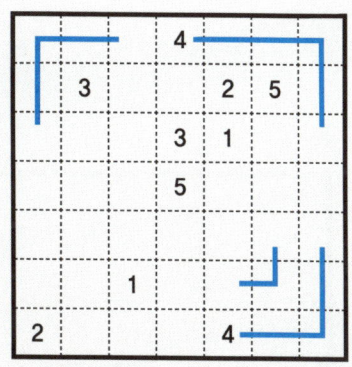

2. 다른 숫자가 갇히지 않고 빠져나갈 수 있는 공간을 고려해서 숫자를 연결해야 합니다. 숫자 2는 다른 숫자로 둘러싸여 있어서 빠져나갈 수 있는 방법은 ○ 칸밖에 없습니다. 그러므로 숫자 3을 연결할 때는 ○ 칸을 제외한 길을 선택해야 합니다.

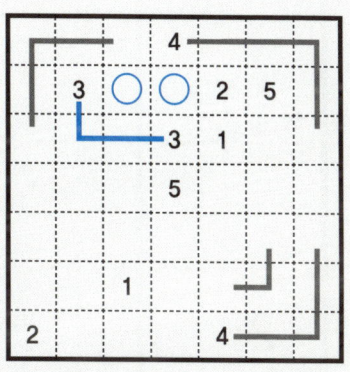

3. 직선은 서로 교차하면 안 됩니다. 만약 다른 두 숫자가 겹쳐 있다면 하나의 수를 외곽으로 돌리는 방법이 가능합니다. 오른쪽 그림에서는 숫자 5를 연결하는 직선을 바깥쪽으로 돌리면서 숫자 1을 연결하는 직선을 피해 나갔습니다.

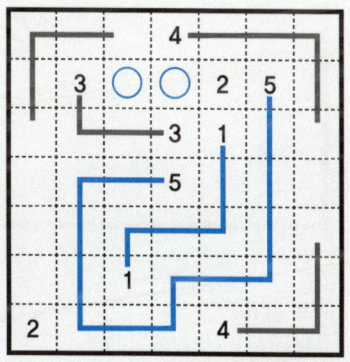

선 그리기 037

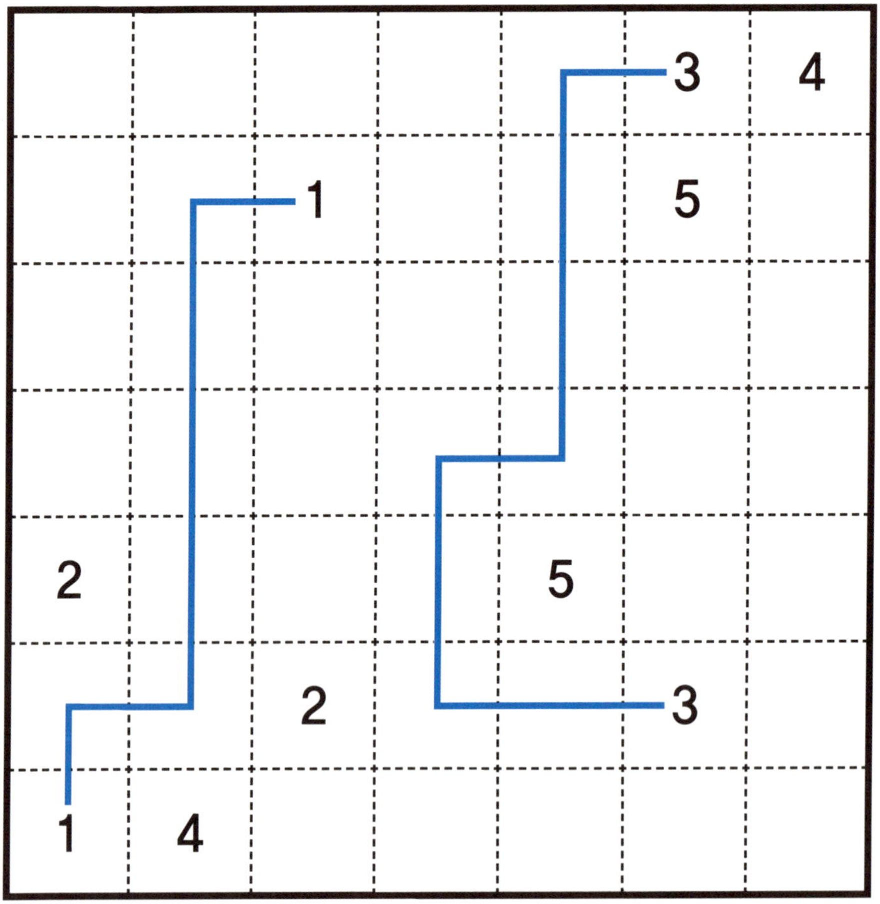

넘버링크 1

Puzzle

넘버링크 2

넘버링크 3

Puzzle

넘버링크 4

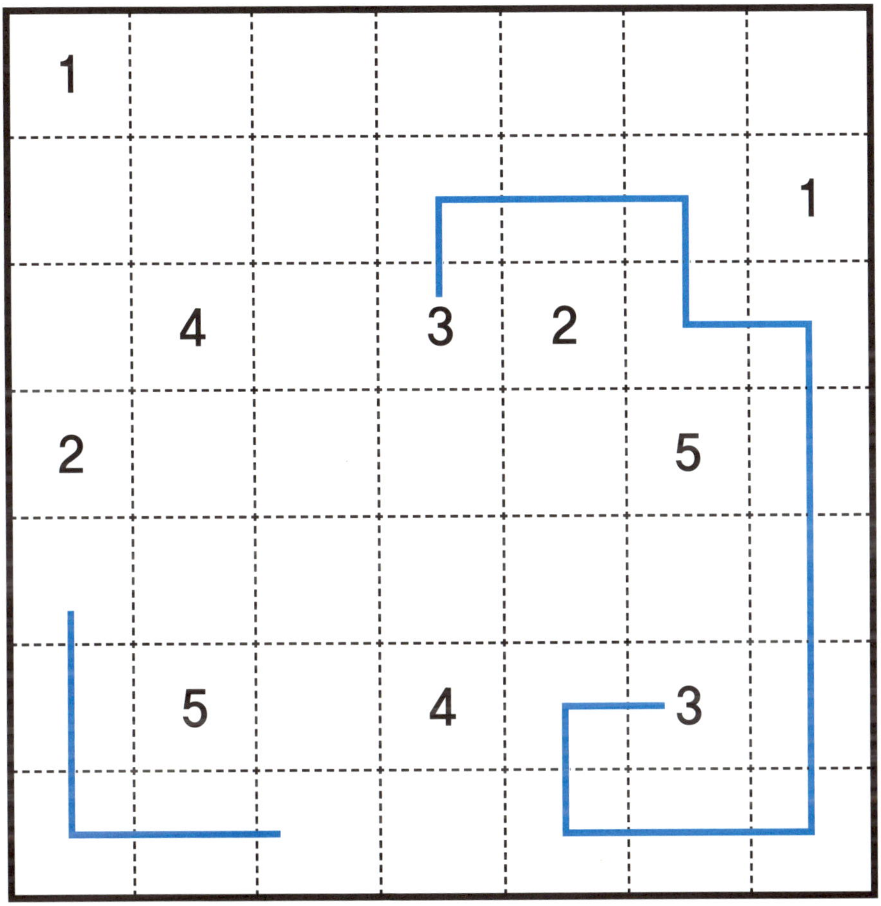

퍼즐 풀이 영상
http://hellosoft.co.kr/pz104

히다토
Hidato

퍼즐 풀이 영상
http://hellosoft.co.kr/pz110

히다토는 히도쿠(Hidoku), 킹스저니(Kings Journey) 등으로 불리는 숫자 채우기 & 선 그리기 퍼즐입니다. 1~64까지의 숫자를 순서대로 상하좌우 또는 대각선으로 한 칸씩 연결합니다. 선을 교차하는 것은 가능하지만 한 번 지나간 칸은 다시 지나갈 수 없습니다.

퍼즐 규칙

❶ 격자 형태의 퍼즐 판 일부에 1~64까지 숫자가 적혀 있습니다.
❷ 1부터 시작하여 수직, 수평 또는 대각선으로 한 칸씩 선을 연결하여 연속된 번호를 채웁니다.
❸ 1~64까지 모든 수가 연속적으로 연결되어야 합니다.
❹ 선은 서로 교차할 수 있으나 한 번 지나간 칸을 다시 지나갈 수 없습니다.

풀이 예시

풀이 알고리즘

1. 선은 한 번에 한 칸씩 수를 키우면서 이동해야 합니다. 오른쪽 그림에서 숫자 2에서 숫자 5로 가는 길은 ◯ 칸을 지나는 방법밖에 없습니다. 직선은 교차가 가능하기 때문에 다양한 형태로 진행할 수 있습니다.

64	51		53		42	
		50				44
61	60	58	56		40	
1	◯	5		47		38
◯	2	11			30	32	36
13		7	10	26		35	
			9		25		
	16		19			22	

2. 길이 여러 개 있을 경우 반대로 큰 수에서 작은 수로 선을 그을 수 있습니다. 오른쪽 그림에서 숫자 13에서 숫자 19까지 이동하는 방법은 여러 가지가 있을 수 있습니다. 그런데 19에서부터 시작하면 숫자를 더 쉽게 찾을 수 있습니다.

64	51		53		42	
		50				44
61	60	58	56		40	
1	4	5		47		38
3	2	11	6		30	32	36
13	12	7	10	26		35	
◯	□	8	9		25		
◯	16	★	19			22	

3. 선은 모든 칸을 남김없이 지나가야 합니다. 특히, 모서리 또는 벽 쪽은 빈칸이 남지 않도록 모두 채우는 것이 중요합니다. 오른쪽 그림처럼 선이 비어 있는 칸을 모두 지나면서 진행하도록 합니다.

64	51		53		42	
		50				44
61	60	58	56		40	
1	4	5		47	31	38
3	2	11	6	29	30	32	36
13	12	7	10	26	28	35	◯
14	17	8	9	27	25	24	◯
15	16	18	19	20	21	22	23

히다토 1

57	55	54	53		64	45	
56	58				44	47	48
59	60	36	37	43	51		49
32	33	38			17	16	
31	39	34	41	19	18	12	14
	28	40	20	21	1	11	
29	27		22	7	10	2	3
26		23	8	9			

퍼즐 풀이 영상
http://hellosoft.co.kr/pz111

Puzzle

히다토 2

51	50	49		56	62	58	
52		54	48		57	61	59
44	46	47	22	64	5		7
45	43		23	21	3	4	
40	41	26		20	2	11	9
39	35	25	27	19	1	10	12
	38	34	31	28	18	16	
37		32		29	17	15	14

퍼즐 풀이 영상
http://hellosoft.co.kr/pz112

히다토 3

32	33		29	8			5
	31	61	64		9	1	
35	60	62	63	27		3	2
	58		25	26	11	12	13
57			40		23		15
	38	49		42		17	
55	52	50		46	43	21	
53	54		47	44	45	19	20

퍼즐 풀이 영상
http://hellosoft.co.kr/pz113

Puzzle

히다토 4

13			22	25	24	59	
14			21	23		60	57
		11		33	27		
16	10	31	34		55	64	
7				29			63
8			38		46	53	48
	5	37	40	42	45	49	
3		1		44			50

퍼즐 풀이 영상
http://hellosoft.co.kr/pz114

라인스위퍼
Line Sweeper

퍼즐 풀이 영상
http://hellosoft.co.kr/pz120

라인스위퍼는 지뢰 찾기(Mine Sweeper)와 유사한 퍼즐입니다. 하지만 지뢰 찾기의 지뢰는 각각 떨어져 있는 반면에 라인스위퍼에서는 지뢰가 모두 하나의 고리로 연결되어 있습니다. 선이 하나로 연결되어야 한다는 규칙을 이용해서 퍼즐을 풀어 봅시다.

퍼즐 규칙

❶ 격자 형태의 퍼즐 판 일부에 0~8까지의 숫자가 적혀 있습니다.
❷ 빈칸을 통과하는 선을 이용하여 하나의 연결 고리를 만듭니다.
❸ 숫자는 그 칸의 상하좌우 대각선에 인접한 8개의 칸 중에 선이 지나가는 칸의 개수를 나타냅니다.
❹ 직선은 서로 교차할 수 없고, 숫자가 적힌 칸은 관통할 수 없습니다. 그리고 모든 빈칸을 통과할 필요는 없습니다.

풀이 예시

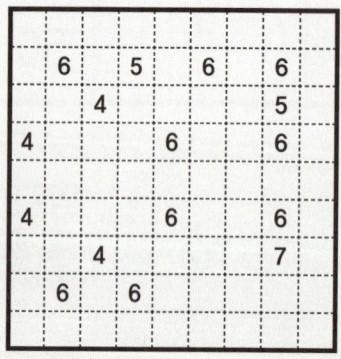 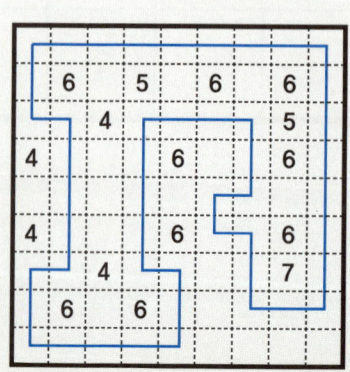

: 풀이 알고리즘

1. 숫자 7이 다른 숫자와 붙어 있는 경우 선을 찾기 쉽습니다. 숫자가 적힌 칸을 제외한 다른 7칸에 모두 선이 통과해야 하므로 오른쪽 그림과 같이 연결될 확률이 매우 높습니다.

2. 직선은 교차하지 않고 하나로 연결되어야 합니다. 특히, 모서리와 벽 쪽은 일직선으로 연결될 가능성이 매우 큽니다. 오른쪽 그림에서 숫자 6의 왼쪽은 선이 어떻게 지나갈지 모르지만, 오른쪽은 길이 하나이기 때문에 하나로 연결된 선이 만들어져야 합니다.

3. 직선은 교차하거나 막다른 길로 들어가면 안 됩니다. 오른쪽 그림에서 숫자 5의 양 옆에 있는 칸에 선이 들어가면 선이 교차하거나 끝나기 때문에 갈 수 없으므로 × 표시를 합니다. 그러면 남은 다섯 개의 칸에 모두 선이 통과하게 됩니다.

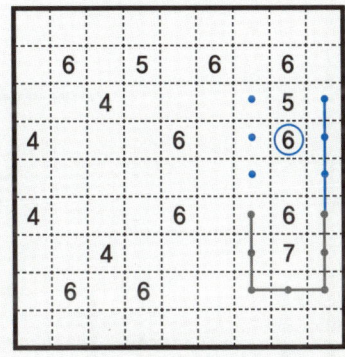

라인스위퍼 1

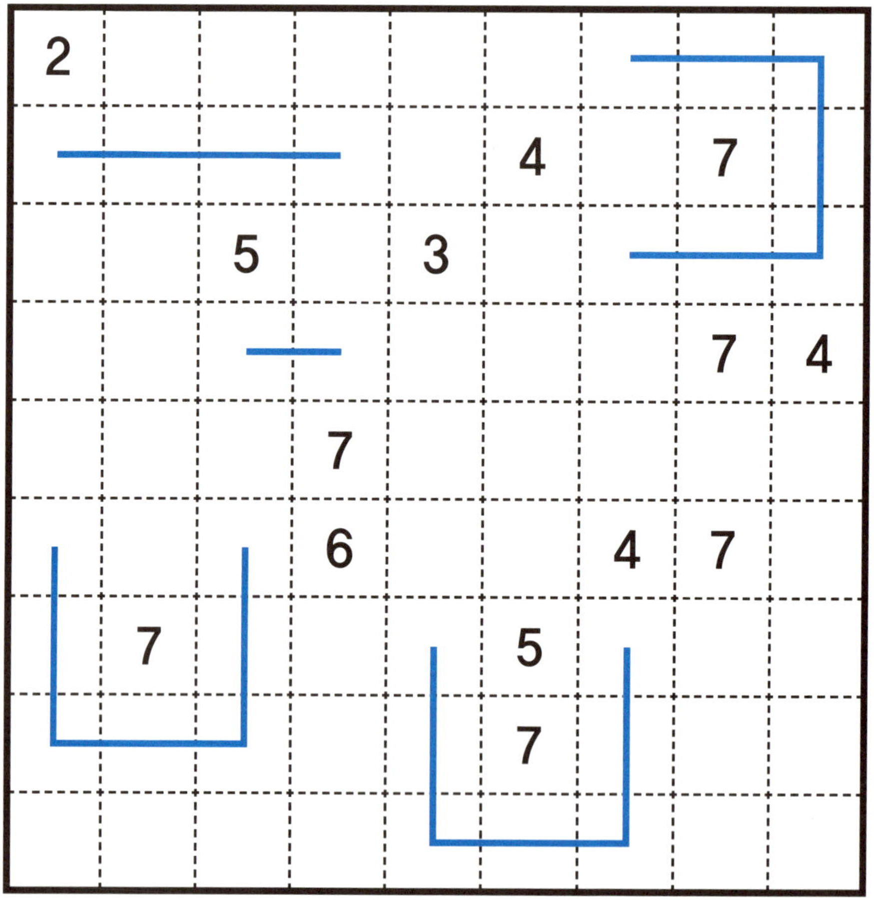

퍼즐 풀이 영상
http://hellosoft.co.kr/pz121

Puzzle

라인스위퍼 2

퍼즐 풀이 영상
http://hellosoft.co.kr/pz122

라인스위퍼 3

Puzzle

라인스위퍼 4

테트라스퀘어
Tetra Squeare

퍼즐 풀이 영상
http://hellosoft.co.kr/pz130

테트라스퀘어는 시카쿠(Shikaku), 디바이드바이스퀘어(Divide by Squares), 디바이드바이박스(Divide by Box), 넘버에어리어(Number Area) 등의 이름으로 불리는 영역 나누기 퍼즐입니다. 일부 칸에 적힌 숫자를 포함하고 숫자만큼의 넓이로 전체 영역을 나누는 논리 퍼즐입니다.

퍼즐 규칙

❶ 격자 형태의 퍼즐 판 일부에 숫자가 적혀 있습니다.
❷ 수평선 또는 수직선을 그어 모든 칸을 여러 개의 직사각형 영역으로 나눕니다.
❸ 직사각형은 하나의 숫자만 포함해야 합니다.
❹ 직사각형 속에 있는 숫자는 직사각형의 크기(칸의 개수)를 의미합니다.

풀이 예시

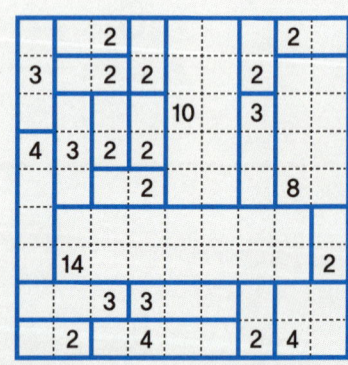

: 풀이 알고리즘

1. 모서리 및 벽 쪽에 있는 숫자부터 시작합니다. 숫자 4를 포함하는 영역은 1×4, 2×2, 4×1 크기의 직사각형이 될 수 있습니다. 오른쪽 그림 하단에 숫자 4를 포함한 영역은 이런 형태가 될 수밖에 없습니다.

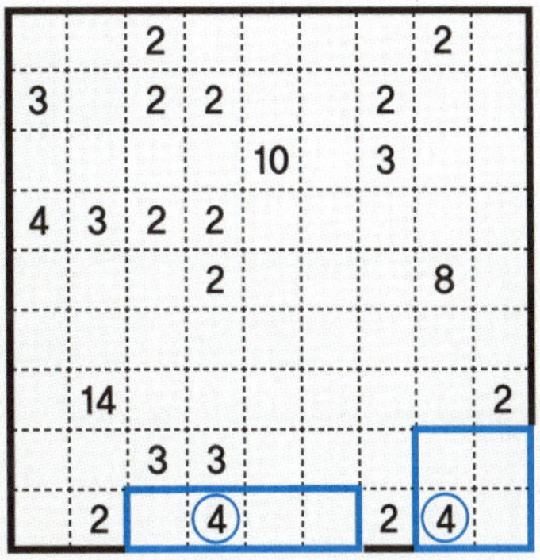

2. 모든 칸이 숫자를 포함하는 직사각형으로 나누어져야 합니다. 오른쪽 그림 하단처럼 숫자 2를 포함한 영역을 나눌 때 빈칸이 남지 않도록 하려면 이런 형태가 되어야 합니다.

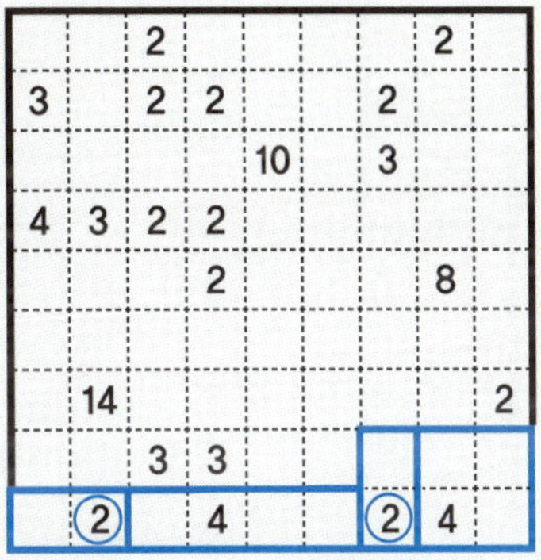

3. 영역을 나누는 순서를 모서리, 벽, 가운데 순으로 진행하면 쉽습니다. 마치 테트리스를 하듯이 빈칸이 생기지 않도록 영역을 나누어 가면 퍼즐을 쉽게 풀 수 있습니다.

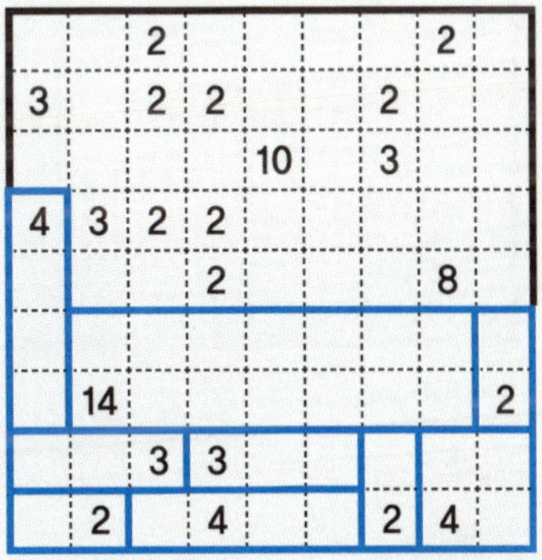

테트라스퀘어 1

Puzzle

테트라스퀘어 2

	3			2			4
	2						
	2		2	2	15		
			3	2			
4		3					
					14		
2		2		4		3	
			3	2		2	5

퍼즐 풀이 영상
http://hellosoft.co.kr/pz132

테트라스퀘어 3

					6		2	
3								6
			2					
		4					3	
3	8				15		3	
					3			
2		8					4	9

퍼즐 풀이 영상
http://hellosoft.co.kr/pz133

Puzzle

테트라스퀘어 4

	2						2
	2				10		2
		2	2				
		2	6				
		4		16			
			4		4	4	
			4				7
2		2			4		

퍼즐 풀이 영상
http://hellosoft.co.kr/pz134

갤럭시
Galaxies

퍼즐 풀이 영상
http://hellosoft.co.kr/pz140

갤럭시는 스파이럴갤럭시(Spiral Galaxies), 텐타이쇼(Tentai Show) 등의 이름으로 불리는 논리와 기하학을 결합한 퍼즐입니다. 우주에 여러 개의 은하가 있는 것처럼 하나의 원을 중심으로 하는 여러 개의 은하를 만들면 됩니다. 단, 은하는 180도 회전해도 같은 모양이어야만 합니다.

: 퍼즐 규칙

❶ 격자 형태의 퍼즐 판 위에 여러 개의 원이 그려져 있습니다.
❷ 점선 위에 수평선 또는 수직선을 그어 전체 퍼즐 판을 여러 개의 은하로 나눕니다.
❸ 각각의 은하는 중심에 하나의 원이 있어야 합니다.
❹ 각각의 은하는 원을 중심으로 180도 회전시켜도 같은 모양이 되어야 합니다.

: 풀이 예시

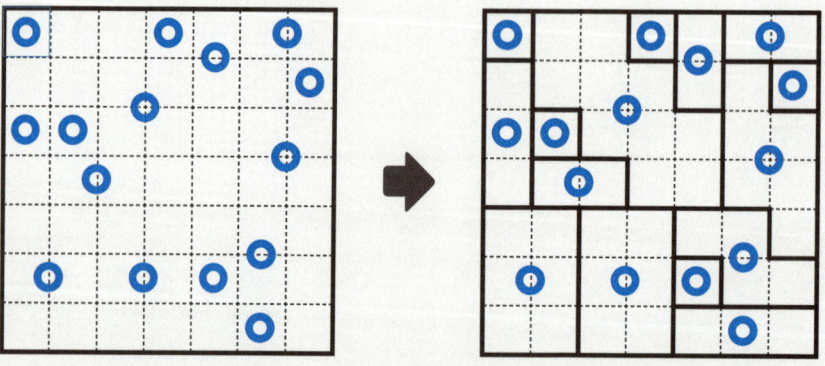

풀이 알고리즘

1. 모서리 또는 벽에 붙어 있는 원부터 은하를 만들면 쉽습니다. 오른쪽 그림처럼 모서리 근처에 있는 원은 원을 중심으로 하는 은하의 형태가 다양하지 않습니다.

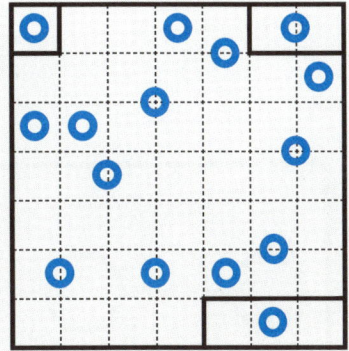

2. 은하는 서로 겹치지 않아야 합니다. 오른쪽 그림에 있는 원은 왼쪽, 오른쪽, 아래쪽이 모두 다른 원으로 막혀 있습니다. 따라서 1×1 칸의 작은 은하를 만들 수밖에 없습니다.

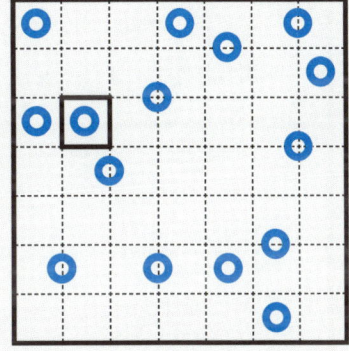

3. 은하를 만드는 순서는 모서리, 벽, 가운데 순으로 하면 쉽습니다. 모서리 쪽은 상대적으로 형태를 결정하기 쉬우므로 바깥쪽에서 안쪽으로 차근차근 영역을 나누어 갑니다.

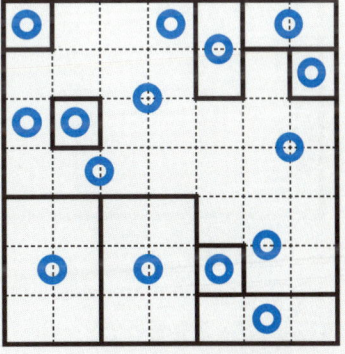

갤럭시 1

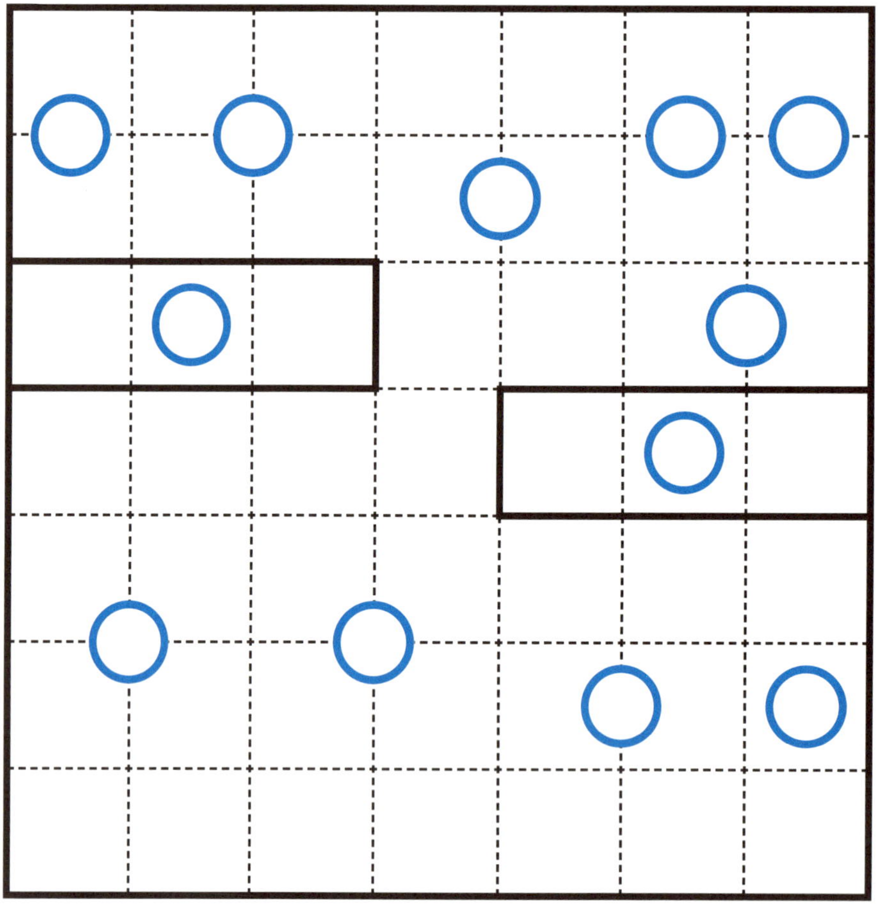

퍼즐 풀이 영상
http://hellosoft.co.kr/pz141

Puzzle

갤럭시 2

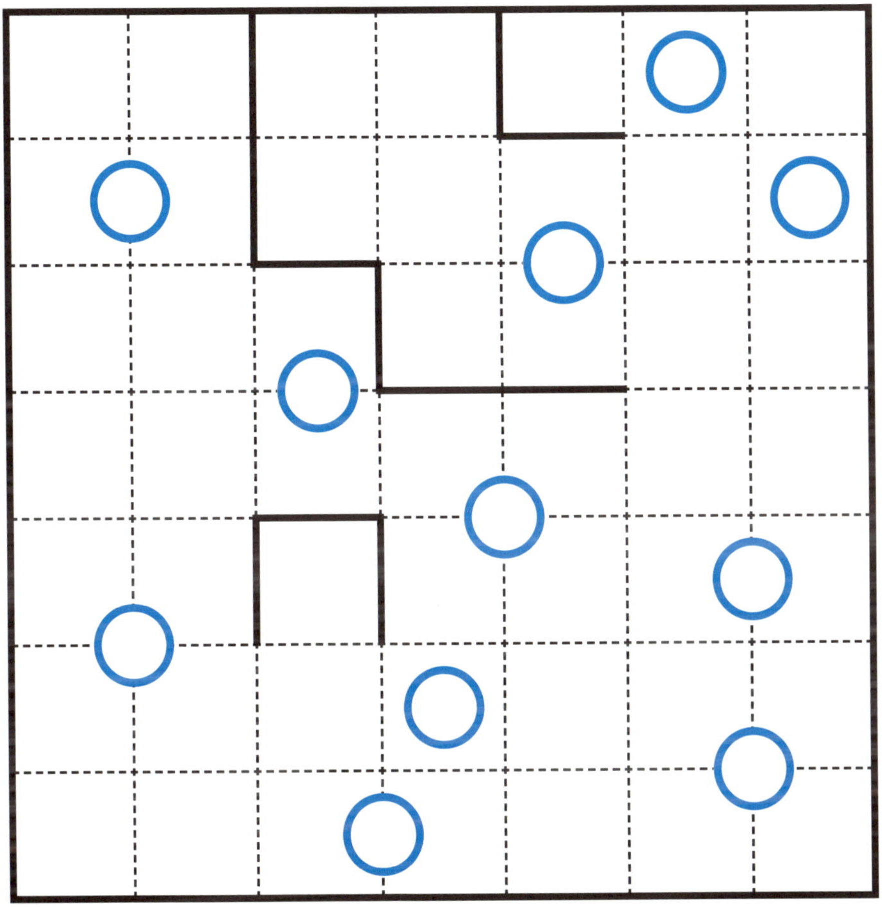

퍼즐 풀이 영상
http://hellosoft.co.kr/pz142

갤럭시 3

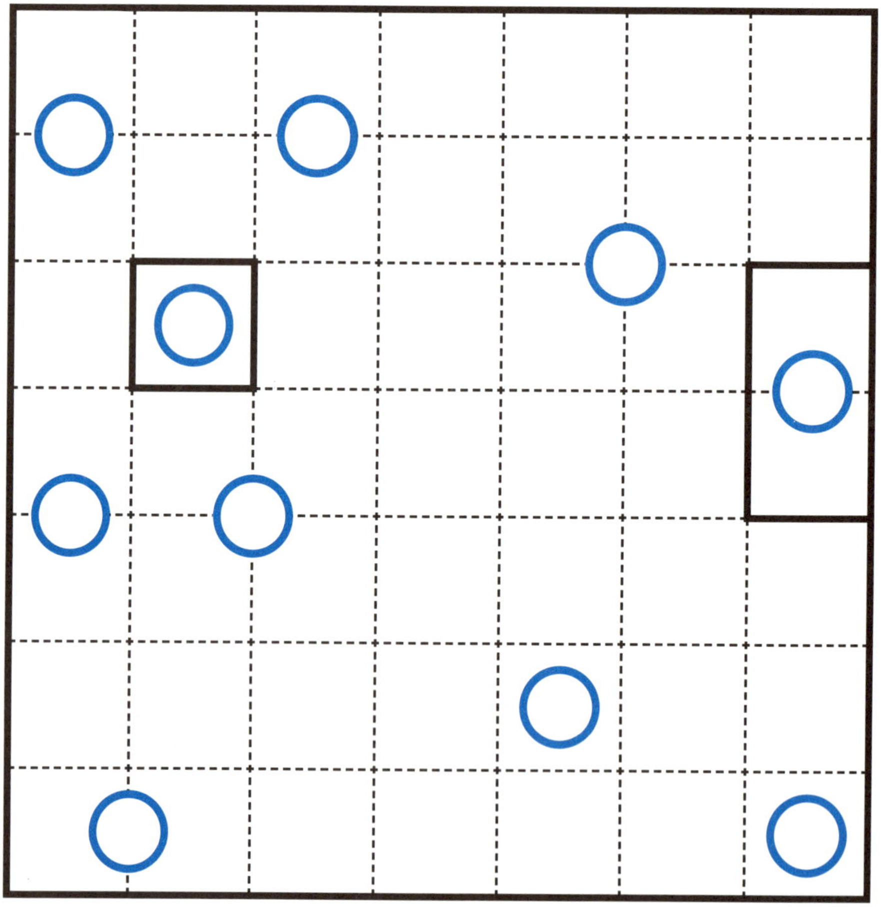

퍼즐 풀이 영상
http://hellosoft.co.kr/pz143

Puzzle

갤럭시 4

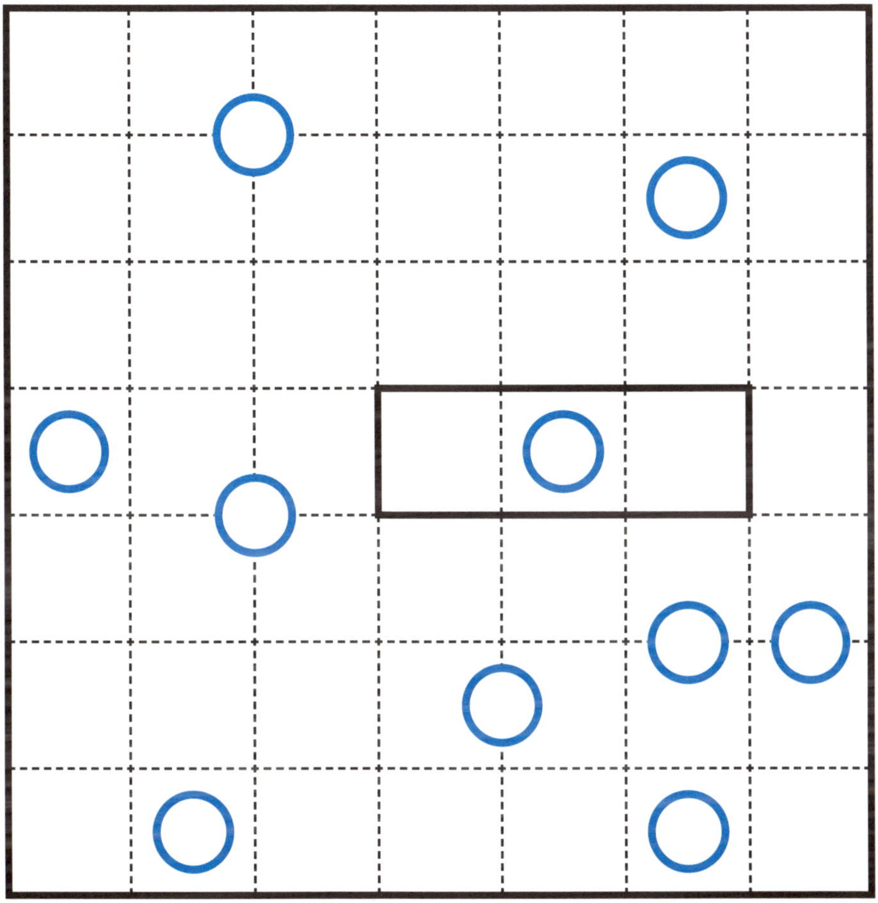

퍼즐 풀이 영상
http://hellosoft.co.kr/pz144

Puzzle
Number Placement Puzzles

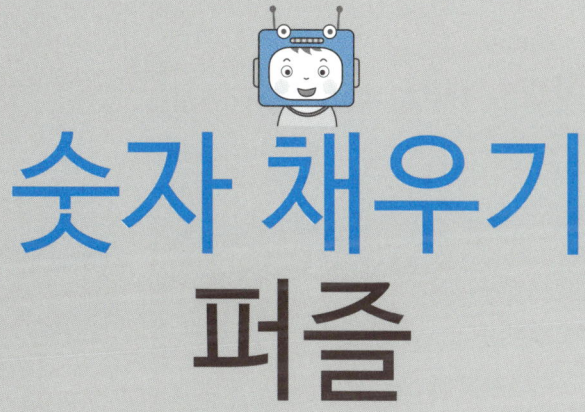

숫자 채우기 퍼즐

숫자 채우기 퍼즐은 주어진 힌트를 이용하여 빈칸 안에 알맞은 숫자를 채워 넣는 퍼즐입니다. 숫자를 이용하여 고유한 영역을 만들거나, 사칙연산의 수식을 완성하는 등 다양한 형태의 퍼즐이 있습니다. 스도쿠도 숫자 채우기 퍼즐 중의 하나입니다. 이곳에서는 맨 처음 소개된 스도쿠를 제외하고 숫자 채우기 퍼즐 중에서 가장 인기 있는 7개의 퍼즐 유형과 28개의 퍼즐 문제를 담았습니다.

필로미노
Fillomino

퍼즐 풀이 영상
http://hellosoft.co.kr/pz150

필로미노는 인기가 많은 논리 퍼즐 중의 하나로 퍼즐 대회에서 빠지지 않고 출제되는 퍼즐입니다. 마치 땅따먹기처럼 전체 퍼즐 판을 일정한 규칙대로 나누어 영역을 만드는 퍼즐입니다. 숨겨진 숫자를 찾아 땅을 나누어 봅시다.

: 퍼즐 규칙

❶ 격자 형태의 퍼즐 판 일부에 숫자가 적혀 있습니다.
❷ 모든 빈칸에는 숫자가 들어가야 하고, 하나의 영역 안에 포함되어야 합니다.
❸ 하나의 영역은 같은 숫자가 숫자의 개수만큼 상하좌우로 붙어서 이루어집니다.
  예를 들어, 숫자 5는 5개가 상하좌우로 붙어 하나의 영역이 됩니다.
❹ 같은 숫자끼리 붙으면 무조건 하나의 영역이 됩니다.

: 풀이 예시

풀이 알고리즘

1. 고립되어 있는 칸은 특정한 숫자로만 연결할 수 있습니다. 오른쪽 그림에서 ☆ 칸은 숫자 2가 아닌 다른 숫자로는 연결할 수 없습니다. 그러므로 ☆ 칸에는 2가 들어가야 합니다.

2. 모든 칸은 반드시 하나의 숫자 영역에 포함되어야 합니다. 오른쪽 그림에서 ①, ②, ③이 적힌 칸을 보면, 3칸 중에 2칸에 3이 들어가야 합니다. 그런데 만약 ①, ②칸으로 3영역을 구성하면 ③칸은 어떤 영역도 만들 수 없게 됩니다. 그러므로 ①, ③칸을 이용해 3영역을 만들어야 합니다.

3. 같은 숫자의 영역은 가로 또는 세로로 연결되어야 합니다. 대각선으로 연결은 되지 않습니다. 오른쪽 그림에서 ☆ 칸 주변에는 숫자 5로 이루어진 영역이 있습니다. 영역이 완성되려면 모든 숫자가 가로 또는 세로로 연결되어야 하므로 ☆ 칸에는 숫자 5가 들어갑니다.

puzzle

필로미노 1

5	5	6		1			1	3	1		1
5	5	6	6	6	6	5	5			3	9	
5	1	7			1		1	9			1
4	4		7	7	7	4		1	9		9
4	4	1	6		6	4	4	5		1	
1		7	6		6	1	5			5	2
		1	3	3	1	8			8	8	1
1	7	7	3		8	3	3		1	3	3
	5	1				3	1	8	8	1	3
5		5	8	8		1	9	9	9	9	9
6	6	6	1	3	1		5		1	9	1
1	6	6	6	3		5		1	9	9	9

퍼즐 풀이 영상
http://hellosoft.co.kr/pz151

puzzle

필로미노 2

	1	4			1	6		3	1		1
	5	4	1	6	6	6		3	3		8
5		9				9	1	8	8		
3	1	9	9	9	9	1	3			1	8
	3	4	4	5		5	3	1	7		
	5	4		2	5	5	1		7	7	2
1			5	2	1	9	9	7	8	8	1
	1	2	1	9				9	8		8
2	8	2		5	4		9	9	8		8
		1		1	4	4	1		1	3	
8		8	5	7			2			4	3
		1	5	1	7			1	4		1

퍼즐 풀이 영상
http://hellosoft.co.kr/pz152

Puzzle

필로미노 3

	8				1	9	1	3		1	
	1		8	1				9	3	4	
5	5	1	5	5	1	9	9	9	9	1	
		5	3			5	6	6	6	8	1
6		6		3	4	4			6		
	4	4	1	4	4	2	1	8	8		
	4	4		9	9		7	7		1	8
6	7		9		9	5		1			7
7		7		9	5	5	5	9	1		1
1	7	7	9	1		6	6	9		1	3
		5	1	4	4		6	9		9	
		1			1		1				3

퍼즐 풀이 영상
http://hellosoft.co.kr/pz153

Puzzle

필로미노 4

1	8			1		1	5			1	3
	3	8		8	9		9	1	5		
	1	8		9		1	6			1	
5		5	1		9		1		6	6	1
		6		6	6	4		1	7		7
4	4			4	4	1		4			
	4		1			5		5	1	7	5
1	7	7		1	7		5	1	5	5	
		7	3	3		7		4	8	1	
1	3	1		7		1	4	4			2
		5	1					5	8	8	2
1	5			5	1	5		1			

퍼즐 풀이 영상
http://hellosoft.co.kr/pz154

바이너리
Binary

퍼즐 풀이 영상
http://hellosoft.co.kr/pz160

바이너리 퍼즐은 이진수 퍼즐, 타쿠주(Takuzu), 토후와보후(Tohu wa Vohu) 등으로 불리는 숫자 0과 1만 사용하는 퍼즐입니다. 간단해 보이지만 매우 어려운 퍼즐도 만들 수 있습니다. 컴퓨터 과학의 기본이 되는 이진수도 퍼즐로 쉽게 친해질 수 있습니다.

퍼즐 규칙

❶ 모든 빈칸에 0 또는 1의 숫자가 들어가야 합니다.
❷ 가로 또는 세로로 같은 숫자가 3번 이상 연이어 올 수 없습니다. 즉, 000 또는 111은 올 수 없습니다.
❸ 가로줄 또는 세로줄에서 0과 1의 개수는 같아야 합니다.
❹ 가로줄끼리 또는 세로줄끼리는 서로 같은 숫자 배열이 되면 안 됩니다. 가로줄과 세로줄끼리는 숫자 배열이 같을 수 있습니다.

풀이 예시

: 풀이 알고리즘

1. 같은 숫자가 3번 이상 연달아 나올 수 없습니다. 오른쪽 그림에서 ☆ 칸에는 모두 1이 와야 합니다. 만약 한 군데라도 0이 들어가면 000이 만들어지기 때문입니다.

2. 각각의 가로줄과 세로줄에서 0과 1의 개수는 똑같아야 합니다. 8×8의 퍼즐 판에서는 0이 4개, 1이 4개씩 들어가야 합니다. 오른쪽 그림에서 ☆ 칸이 속한 가로줄에는 0이 3개, 1이 4개 있습니다. 따라서 숫자를 맞추기 위해 ☆ 칸에는 0이 들어가야 합니다.

3. 가로줄끼리 또는 세로줄끼리는 숫자 배열이 같으면 안 됩니다. 오른쪽 그림에서 ☆ 칸에는 숫자 0이 와야 합니다. 만약 ☆ 칸에 1이 오게 되면, ○ 칸이 있는 5번째 행과 ☆ 칸이 있는 8번째 행의 숫자 배열이 같아지기 때문입니다.

바이너리 1

0	0	1	1	0	1	1	0
		1		0	0		
0	1	0	0	1			1
	0	0		1	0	0	1
	1	1		0		1	
	1		0	1	0	0	
0	0	1	1	0	1	0	1
1	1	0	0	1		1	

퍼즐 풀이 영상
http://hellosoft.co.kr/pz161

Puzzle

바이너리 2

1		1			0	1	
0	1	0	0	1	1	0	1
0	1		0		0	0	
1	0	0			1	1	
		1	0	0	1	1	0
1		1			0	0	
		0	1	1	0		
1	0	0	1		1		1

퍼즐 풀이 영상
http://hellosoft.co.kr/pz162

바이너리 3

0		1	0	0	1		
			0	1	1	0		0
0	1	0			1	0	0	1
1		1						
		1	0	1	1		0	1
			0			0		0
0	0	1		0				1
		1				1		

퍼즐 풀이 영상
http://hellosoft.co.kr/pz163

Puzzle

바이너리 4

	0	0				0	
		1			1		
	0			0	0		0
0		0		1			
		0				0	
0				1			1
0	1					1	1
		1		1		1	

퍼즐 풀이 영상
http://hellosoft.co.kr/pz164

물결 효과
Ripple Effect

퍼즐 풀이 영상
http://hellosoft.co.kr/pz170

물결 효과는 하큐우(Hakyuu), 사이즈믹(Seismic) 등으로 불리는 숫자 채우기 퍼즐입니다. 여러 개의 다각형으로 나누어진 퍼즐 판을 사용하는데, 다각형의 칸 개수만큼 1부터 숫자를 채워 넣으면 됩니다. 미리 주어진 숫자 힌트를 이용해서 모든 칸을 채워 보세요.

: 퍼즐 규칙

❶ 다각형 안에는 1부터 다각형의 크기까지의 숫자가 차례대로 들어갑니다. 예를 들어, 3칸짜리 다각형에는 숫자 1, 2, 3이 하나씩 들어가야 합니다.

❷ 만약 가로줄 또는 세로줄에 같은 숫자가 들어가려면 두 숫자 사이에는 적어도 숫자만큼의 다른 칸이 존재해야 합니다. 예를 들어, 숫자 3과 숫자 3 사이에는 3칸 이상의 거리가 있어야 합니다.

: 풀이 예시

> **풀이 알고리즘**

1. 같은 줄에 동일한 숫자가 오기 위해서는 숫자만큼 거리가 떨어져 있어야 합니다. ☆ 칸이 있는 다각형은 2칸짜리이기 때문에 숫자 1과 2가 들어가야 합니다. 그런데 ☆ 칸 바로 아래에 2가 있기 때문에 ☆ 칸에는 1이 들어가야 합니다.

2. 마찬가지로 ☆ 칸과 □ 칸에는 각각 숫자 2, 3이 하나씩 들어가야 합니다. 그런데 □칸은 밑에 2가 붙어 있기 때문에 2가 올 수 없습니다. 반면에 ☆ 칸은 2가 2칸 이상 떨어져 있기 때문에 2가 올 수 있습니다.

3. ☆ 칸이 속한 다각형을 살펴보면 숫자 1이 들어가야 합니다. 왜냐하면 다른 세 개의 빈 칸은 모두 다른 다각형의 숫자 1과 붙어 있기 때문입니다. 따라서 숫자 1이 올 수 있는 곳은 ☆ 칸밖에 없습니다.

111

물결 효과 1

1	4	2	1		2	
2	3	1		1	4	
	1	4			3	1
1		1	3		2	4
2	1	5	2	3		2
	3	2	1	4		3
	2		4			1

퍼즐 풀이 영상
http://hellosoft.co.kr/pz171

Puzzle

물결 효과 2

4	3	1	2			2
2	1	4		6	2	
3		1	5		1	3
1		3	1	4	5	1
	3	1	2	1	3	2
4			1		2	1
3	2	1		2		3

퍼즐 풀이 영상
http://hellosoft.co.kr/pz172

물결 효과 3

2		1	2			4	3
1			1		1		
5	1	2					1
	4			3	1		
2		1	4	1			2
1		3	1		1		
	1				1		1

퍼즐 풀이 영상
http://hellosoft.co.kr/pz173

Puzzle

물결 효과 4

1		1	3	1		
				3		2
	3	2			4	
	2		4	5		1
1		3	1		1	
	1	5		4		2
		1		1		

퍼즐 풀이 영상
http://hellosoft.co.kr/pz174

가쿠로
Kakuro

퍼즐 풀이 영상
http://hellosoft.co.kr/pz180

가쿠로는 크로스섬(Cross Sum)으로도 불리는데, 간단한 수학적 계산이 결합된 숫자 채우기 퍼즐입니다. 각각의 가로줄과 세로줄에는 숫자의 합을 나타내는 수가 표시되어 있습니다. 이 숫자 합 힌트를 이용하여 빈칸에 0~9까지의 숫자를 채워 넣는 퍼즐입니다.

: 퍼즐 규칙

❶ 모든 칸에는 1~9까지의 숫자 중에 하나가 들어갑니다.
❷ 가로줄의 왼쪽 회색 칸에는 가로줄에 있는 모든 숫자를 합한 값이 적혀 있습니다. 마찬가지로 세로줄의 맨 위 회색 칸에는 세로줄에 있는 모든 숫자를 합한 값이 적혀 있습니다.
❸ 하나의 가로줄, 세로줄에는 같은 숫자가 올 수 없습니다. 단, 회색 칸으로 나누어진 경우에는 서로 다른 줄이 됩니다.

: 풀이 예시

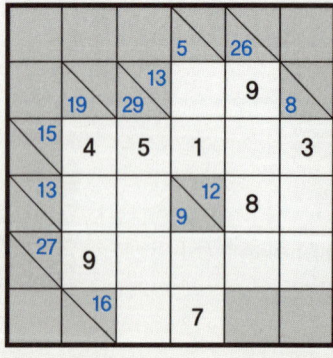 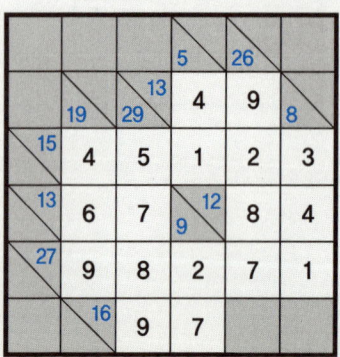

풀이 알고리즘

1. 두 칸으로 이루어진 줄에서 하나의 숫자를 알고 있다면 합에서 그 수를 빼면 나머지 수가 나옵니다. 오른쪽 그림에서 ☆ 칸은 합 12에서 8을 뺀 4가 됩니다.

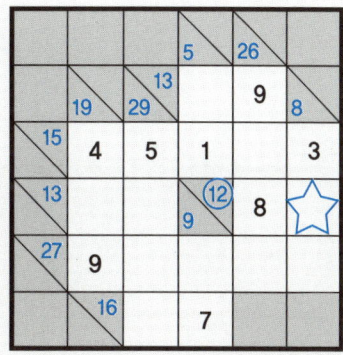

2. ☆ 칸이 속한 가로줄을 보면 두 칸의 합이 16입니다. 더해서 16이 되는 수는 8, 8 또는 7, 9인데, 같은 수가 중복될 수 없으므로 7, 9가 가능합니다. 그런데 ☆ 칸의 세로 합이 9이므로 ☆ 칸에 9는 올 수 없고 7이 들어가게 됩니다.

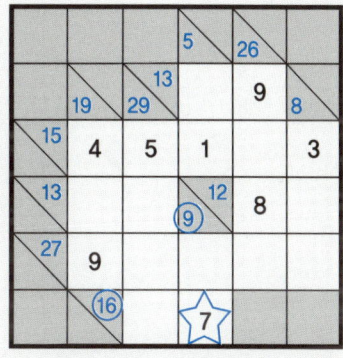

3. 마지막에는 4개의 대칭되는 수가 남습니다. 예를 들어, 오른쪽 그림을 보면

   ① + ② = 7 …… ⓐ
   ③ + ④ = 15 …… ⓑ
   ① + ③ = 13 …… ⓒ
   ② + ④ = 9 …… ⓓ 가 됩니다.

   ⓐ에서 ①, ②는 1과 6, 2와 5, 3과 4가 가능한데 1, 3, 4는 이미 같은 가로 줄에 있으므로 ①, ②는 2 또는 5입니다. ⓒ에서 ①, ③은 4보다 큰 수이어야 합니다. 그러므로 ①은 숫자 5가 됩니다.

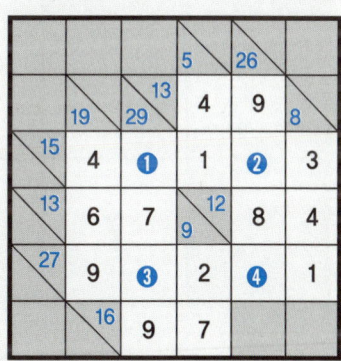

Puzzle

가쿠로 1

Puzzle

가쿠로 2

퍼즐 풀이 영상
http://hellosoft.co.kr/pz182

가쿠로 3

Puzzle

가쿠로 4

숫자 채우기 072

대각선 합
Diagonal Sums

퍼즐 풀이 영상
http://hellosoft.co.kr/pz190

대각선 합 퍼즐은 리틀 킬러 스도쿠(Little Killer Sudoku)로도 불리는 숫자 채우기 퍼즐입니다. 화살표 방향이 나타내는 대각선 숫자의 합이 퍼즐 바깥에 표시되어 있습니다. 이 숫자의 합을 이용하여 숫자를 찾아내 빈칸을 모두 채우는 퍼즐입니다.

퍼즐 규칙

❶ 모든 칸에는 1~5까지의 숫자 중에 하나가 들어갑니다.
❷ 각각의 가로줄에는 1~5까지의 숫자가 중복 없이 한 번씩 들어갑니다. 마찬가지로 각각의 세로줄에는 1~5까지의 숫자가 중복 없이 한 번씩 들어갑니다.
❸ 바깥에 주어진 숫자는 화살표 방향으로 등장하는 모든 숫자를 합한 값입니다.
❹ 대각선 방향으로는 같은 숫자가 중복되어도 상관없습니다.

풀이 예시

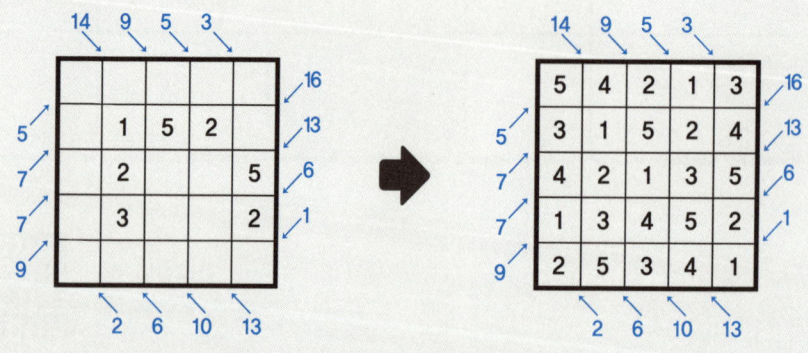

: 풀이 알고리즘

1. 모서리에 있는 칸은 대각선의 합과 칸의 숫자가 동일합니다. 대각선에 숫자가 하나밖에 없기 때문입니다. 따라서 숫자를 그대로 적어 주면 됩니다.

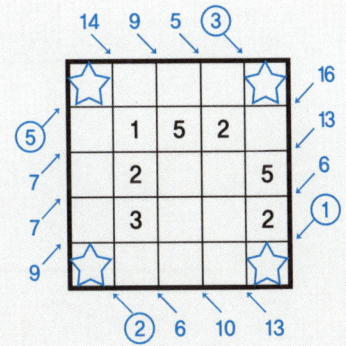

2. 대각선의 합을 이용하여 빈칸의 숫자를 찾아낼 수 있습니다. 대각선의 합계 6에서 다른 칸의 숫자 2를 빼면 ☆ 칸에는 숫자 4가 들어갑니다.

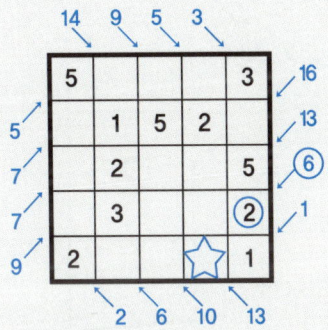

3. 각각의 가로줄과 세로줄에는 같은 수가 올 수 없습니다. ☆ 칸이 있는 가로줄에는 숫자 3과 숫자 5가 와야 하는데, ☆ 칸이 있는 세로줄에 이미 숫자 3이 있습니다. 따라서 ☆ 칸에는 5가 와야 합니다.

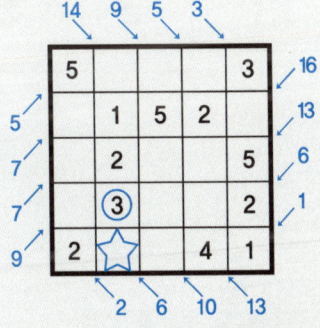

대각선 합 1

	↓10	↓11	↓5	↓2	
	5	1	3	4	2	←9
↗5			5	3		←11
↗5	2		4			←5
↗7			2			←4
↗13	3	5			4	
	↑3	↑6	↑7	↑11	

퍼즐 풀이 영상
http://hellosoft.co.kr/pz191

Puzzle

대각선 합 2

	↓16	↓8	↓3	↓5	
3	4		2	5	←11
		4			←13
	1		5		←4
	5		4		←2
4		5		2	
	↑4	↑4	↑12	↑9	

(arrows on left side pointing up-right: 3, 9, 5, 8)

퍼즐 풀이 영상
http://hellosoft.co.kr/pz192

대각선 합 3

	12↓	9↓	7↓	2↓	
1↗					↙14
	4		1		3	↙6
9↗		3		2		↙5
10↗			5			↙5
10↗					5	
	3↑	6↑	8↑	13↑	

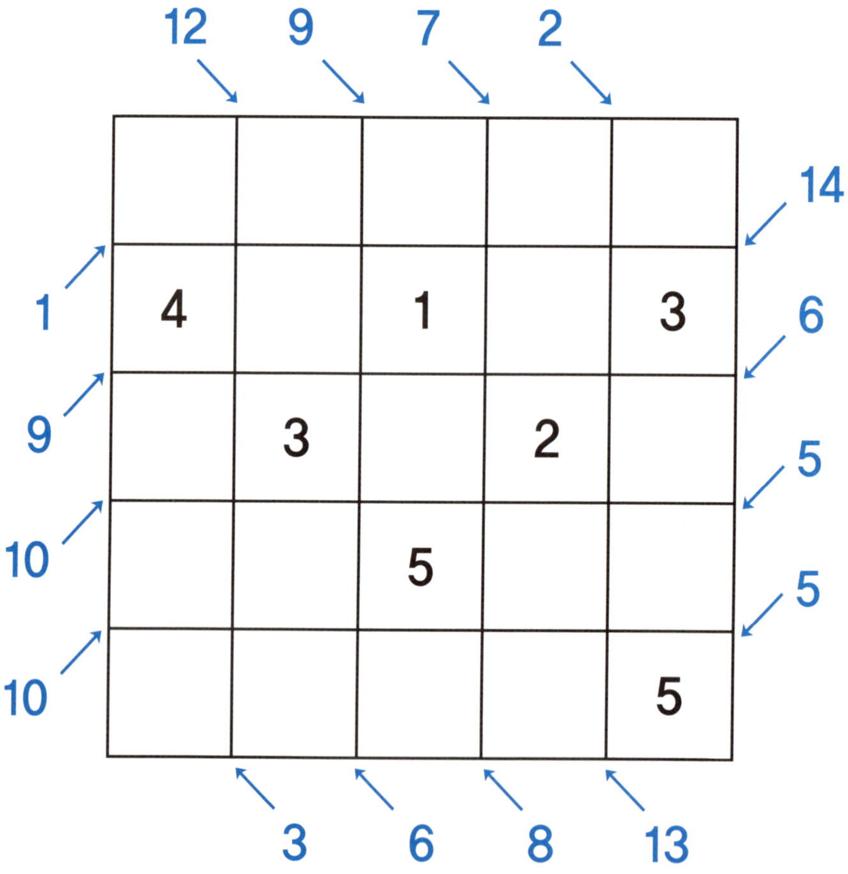

퍼즐 풀이 영상
http://hellosoft.co.kr/pz193

Puzzle

대각선 합 4

	17	10	3	3	
4→			5			10←
8→		1		3		9←
5→			2		4	9←
13→		4				2←
	1	9	8	11	

퍼즐 풀이 영상
http://hellosoft.co.kr/pz194

캔캔
Kenken

퍼즐 풀이 영상
http://hellosoft.co.kr/pz200

캔캔 퍼즐은 칼쿠도쿠(Calcudoku), 켄도쿠(Kendoku), 스퀘어 위즈돔(Sqaure Wisdom) 등으로 불리는 사칙연산이 결합된 숫자 채우기 퍼즐입니다. 다양한 크기로 나누어진 영역에는 사칙연산 기호와 결괏값이 표시됩니다. 이를 이용해서 숨겨진 숫자를 찾아내고 가로, 세로로 겹치지 않도록 넣는 퍼즐입니다.

퍼즐 규칙

❶ 모든 칸에는 1~4까지의 숫자 중에 하나가 들어갑니다.
❷ 굵은 선으로 나누어진 영역에는 연산기호와 결괏값이 들어 있습니다. 예를 들어, 2개의 칸으로 이루어진 영역에 5+가 적혀 있다면, 두 칸의 숫자를 더하면 5가 된다는 뜻입니다. 만약 1−가 적혀 있다면, 큰 숫자에서 작은 숫자를 빼면 1이 된다는 뜻입니다.
❸ 각각의 가로줄과 세로줄에는 1~4까지의 숫자가 중복 없이 한 번씩 들어가야 합니다.

풀이 예시

: 풀이 알고리즘

1. ○ 칸에 두 수를 곱해서 4가 되려면 1, 4 또는 4, 1이 들어가야 합니다. ☆ 칸 영역에서 두 수를 나누어 2가 되려면 2, 1 또는 4, 2가 올 수 있습니다. 그런데 1과 4가 이미 ○ 칸에 오게 되므로 ☆ 칸에는 2가 들어가야 합니다.

2. 한 줄에는 1~4까지의 숫자가 중복 없이 한 번씩만 들어가야 합니다. 4번째 가로줄은 1, 2, 4가 이미 있기 때문에 ☆ 칸에는 숫자 3이 오게 됩니다.

3. ☆ 칸은 숫자 2와 함께 나누어 2를 만드는 수로 1 또는 4가 올 수 있습니다. 그런데 2번째 가로줄을 풀다 보니 ☆ 칸 위에 숫자 4가 들어가게 되었습니다. 그러므로 ☆ 칸에 들어가는 수는 1이 됩니다.

캔캔 1

5 + 4	1	2 − 3	2 /
2 −	8 ×	1	
		2 /	2 − 3
6 × 2			

퍼즐 풀이 영상
http://hellosoft.co.kr/pz201

Puzzle

캔캔 2

2 − 1	2 −	4	12 ×
	2 /	2	
2 / 2		3 ×	2 ×
1 −	3		2

퍼즐 풀이 영상
http://hellosoft.co.kr/pz202

캔캔 3

2 /		2 -	
2 -		12 × 4	2 /
12 ×	1 -		1
		2 /	

퍼즐 풀이 영상
http://hellosoft.co.kr/pz203

Puzzle

캔캔 4

4 ×	8 ×		2 −
	1 −		
4	2		
5 +		5 +	2 /
		1	
2 −			

퍼즐 풀이 영상
http://hellosoft.co.kr/pz204

수식 완성
Math Square

퍼즐 풀이 영상
http://hellosoft.co.kr/pz210

수식 완성 퍼즐은 1~9까지의 숫자를 알맞은 칸에 넣어 6개의 수식을 완성하는 수학 퍼즐입니다. 수식 완성 퍼즐은 TV 리얼리티 쇼에서 지능을 대결하는 문제로 출제되기도 했습니다. 숫자 채우기 퍼즐 중에서는 어려운 축에 들지만 시간만 충분하다면 모두 풀 수 있는 퍼즐입니다.

퍼즐 규칙

❶ 9개의 흰색 칸에는 1~9까지의 숫자가 한 번씩 들어가야 합니다.
❷ 숫자를 넣어서 가로로 3개, 세로로 3개의 사칙연산 수식을 모두 만족시켜야 합니다.
❸ 하나의 수식에는 두 개의 연산기호가 있는데, 첫 번째 연산기호를 먼저 계산하고, 그 다음 두 번째 연산기호를 계산합니다.(사칙연산의 우선순위를 적용하지 않습니다.)

풀이 예시

:풀이 알고리즘

1. 수식에서 빈칸이 하나만 있는 경우 간단하게 계산할 수 있습니다. ☆ 칸이 포함된 세로 수식의 경우 8÷4-☆=1이므로, 수식을 만족하기 위한 ☆ 칸의 숫자는 1이 됩니다.

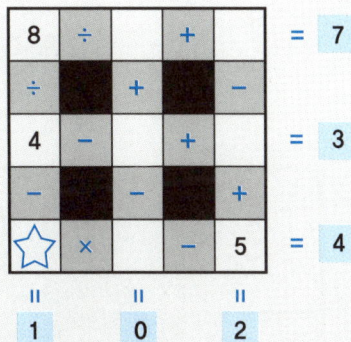

2. 중간의 숫자가 비어 있는 경우에도 수식을 이용해 계산할 수 있습니다. ☆ 칸이 포함된 가로 수식의 경우 ☆-5=4이므로, 수식을 만족하는 ☆ 칸의 숫자는 9가 됩니다.

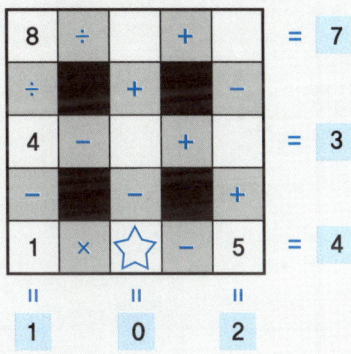

3. 나눗셈이 있는 수식은 좀 더 쉽게 풀 수 있습니다. 나머지 또는 소수점의 결과가 없기 때문에 나누어떨어지는 숫자로 나누게 됩니다. 8은 1, 2, 4로 나누어떨어질 수 있는데 1, 4는 이미 나왔기 때문에 ☆ 칸에는 숫자 2가 들어갑니다.

수식 완성 1

9	÷	3	×	1	=	3
+		×		×		
8	−	4	+		=	11
−		−		+		
6	÷		×		=	15
=		=		=		
11		10		12		

퍼즐 풀이 영상
http://hellosoft.co.kr/pz211

Puzzle

수식 완성 2

3	×		−	6	=	9
+		−		×		
	+		−	8	=	0
−		+		÷		
9	−	2	−		=	3
=		=		=		
1		6		12		

퍼즐 풀이 영상
http://hellosoft.co.kr/pz212

Puzzle

수식 완성 3

	×		−	7	= 9
−		+		+	
	÷	3	×	4	= 8
+		−		−	
5	×		+		= 46

= 1　　= 2　　= 10

퍼즐 풀이 영상
http://hellosoft.co.kr/pz213

Puzzle

수식 완성 4

	+		+		= 10
×		+		+	
	+	7	−	8	= 2
÷		−		−	
2	×		−	9	= 3
= 6		= 2		= 4	

Puzzle

Shading Puzzles

색칠하기 퍼즐

색칠하기 퍼즐은 주어진 힌트를 이용하여 칸을 색칠하는 퍼즐입니다. 빈칸은 흰색 또는 파란색으로 나누어지는데, 파란색 칸은 색칠하여 구분합니다. 색을 칠해서 숨겨진 위치를 찾아내거나(지뢰 찾기) 하나로 연결된 선을 만드는(누리카베) 다양한 유형이 있습니다. 이곳에서는 색칠하기 퍼즐 중에서 가장 대표적인 7개의 퍼즐 유형과 28개의 퍼즐 문제를 담았습니다.

네모로직
Nemo Logic

퍼즐 풀이 영상
http://hellosoft.co.kr/pz220

네모로직은 노노그램(Nonogram), 한지(Hanjie), 그리들러(Griddler), 피카픽스(Pic-a-Pix), 픽셀퍼즐(Pixel Puzzle), 픽처로직(Picture Logic) 등의 이름으로도 불리는 가장 유명한 색칠하기 퍼즐입니다. 가로와 세로줄에 표시된 숫자를 이용해서 색칠을 하면 숨겨진 그림이 나타나는 재미있는 퍼즐입니다.

: 퍼즐 규칙

❶ 격자 형태의 퍼즐 판 위쪽과 왼쪽에 숫자가 적혀 있습니다.
❷ 각각의 가로줄과 세로줄에 쓰인 숫자만큼 연속된 칸을 칠해야 합니다.
❸ 숫자와 숫자 사이에는 적어도 한 칸 이상의 빈칸이 있어야 합니다.
❹ 숫자의 순서와 칠해진 칸의 순서는 같아야 합니다.

: 풀이 예시

풀이 알고리즘

1. 하나의 숫자가 6 이상이거나 두 개의 숫자를 합해서 7 이상이 되면 무조건 칠하는 칸이 생깁니다. 만약 한 줄에 6개의 연속된 칸을 칠한다면 어떻게 칠하더라도 가운데 2칸은 항상 칠해집니다. 만약 한 줄에 5칸, 2칸을 칠한다면 3, 4, 5번째 칸은 항상 칠해집니다.

2. 색칠하지 못하는 칸은 × 표시를 해 두는 것이 퍼즐을 빨리 푸는 방법입니다. 6칸을 연속으로 칠하려면 1~6번째 칸을 칠하거나 3~8번째 칸을 칠해야 합니다. 어떤 경우에도 9, 10번째 칸은 칠해지지 않습니다.

3. × 표시가 되어 있는 칸을 이용해서 정답을 찾을 수 있습니다. ☆ 칸이 있는 세로줄은 색칠 3칸, 빈칸, 색칠 3칸이 되어야 하는데, × 표시 아래쪽은 칸이 부족하여 다 넣을 수 없습니다. 그러므로 ☆ 칸이 있는 3개의 칸에 색칠이 되어야만 합니다.

네모로직 1

	1 2	3 1	2 4 1	7 2	8	5	2 2	2 5	2 1	2
1 3 4										
8										
3 1										
7										
8										
6										
3										
1										
1										
3 1										

퍼즐 풀이 영상
http://hellosoft.co.kr/pz221

Puzzle

네모로직 2

	3 4	4 1 2	3 1 2	8	2 2	2 2	1 5	5	7	9
2 1 1										
4 1 2										
4 1 2										
2 1 2										
4 2										
1 7										
2 1 4										
1 1 4										
5 2 1										
2 1 2										

퍼즐 풀이 영상
http://hellosoft.co.kr/pz222

네모로직 3

	2 3	1 3	3 4	2	2 5	2 1 5	6 3	2 2	2 1	2
7										
8										
3 1										
1 1 3										
1 2										
1 5										
3 2										
3 3										
2 2										
1 2										

퍼즐 풀이 영상
http://hellosoft.co.kr/pz223

Puzzle

네모로직 4

	1 2 2	2	1 3 3	2	2 1 2	6	2 4	2 4	3 1	7
1 1 4	■		■		■	■	■	■		
4										
1 1										
3 4 1	■									
3 5	■		■							■
6										■
3 4							■			■
2 1										■
1 1 2	■									■
1 1			■							■

퍼즐 풀이 영상
http://hellosoft.co.kr/pz224

지뢰 찾기
Mine Sweeper

퍼즐 풀이 영상
http://hellosoft.co.kr/pz230

지뢰 찾기 퍼즐은 윈도우에 기본 게임으로 설치되어 있어서 많은 사람들에게 익숙한 퍼즐입니다. 단서가 되는 숫자는 자신의 주변에 지뢰가 몇 개 매설되어 있는지 알려 줍니다. 단서를 조합해서 숨겨진 지뢰를 모두 찾아내는 퍼즐입니다.

퍼즐 규칙

❶ 격자 형태의 퍼즐 판 일부에 0~4까지의 숫자가 적혀 있습니다.
❷ 숫자는 자신과 상하좌우, 대각선으로 인접한 8개 칸 중에서 지뢰가 숨겨져 있는 칸의 개수를 나타냅니다.
❸ 지뢰는 한 칸에 하나씩만 존재할 수 있습니다.
❹ 숫자가 있는 칸에는 지뢰가 존재할 수 없습니다.

풀이 예시

풀이 알고리즘

1. 지뢰가 숨어 있지 않은 칸에 × 표시를 하면 퍼즐을 쉽게 풀 수 있습니다. 숫자 0이 적힌 칸의 상하좌우, 대각선 칸에는 지뢰가 없으므로 × 표시를 합니다.

2. 숫자와 × 표시를 이용하면 빈칸에 지뢰가 있는지 여부를 알 수 있습니다. 숫자 2 주변에는 지뢰가 2개 있어야 하는데, × 표시가 된 두 칸을 제외하고 나머지 ☆ 칸에 지뢰가 숨어 있습니다.

3. 이후부터는 지뢰와 × 표시를 이용하여 주변을 탐색해 나갑니다. 최종적으로 모든 칸에는 × 표시 또는 지뢰 표시가 되어 있어야 합니다.

Puzzle

지뢰 찾기 1

	2	3		2	●		1	●
1	●	●	●	2		2	2	2
	3		3			2		1
0	1		1	2	●	4	3	
2	3				●		3	●
●			1	2	3			●
3	●	2	1				2	2
	2		3	3	2	1	●	
	1	1	●	●	1	1		1

지뢰 20개

퍼즐 풀이 영상
http://hellosoft.co.kr/pz231

Puzzle

지뢰 찾기 2

	2		2	1	0	2	●	2
1	●	●	●	2	1	3		
	2	3						2
1	1		2		2	3		3
	2		●	●		2	●	●
●	2	1	3	●	2			3
2			2			0	1	
2		2	1		2	2	3	
	●	2		1	2		●	1

지뢰 20개

퍼즐 풀이 영상
http://hellosoft.co.kr/pz232

지뢰 찾기 3

	●	2			2	●	3	
1	2		1	0	2			●
	3		2			2	3	2
●		1		●	2	3		
3	4		2	2			●	2
2	●		1		1	2	1	
		3	2	1		1		1
2		2				3		2
1	●	1	2	●	3	●	●	2

지뢰 20개

퍼즐 풀이 영상
http://hellosoft.co.kr/pz233

Puzzle

지뢰 찾기 4

	2	3		2		●	1	0
1	●				3		3	2
2		4	5				2	
			●	1		2	●		2	●
2	●	3			2		2	1	1
2		2	1					2
●	2	3	●		3		2	●	
	2			3	1	2		2
0		2		2	●		1	0

지뢰 20개

퍼즐 풀이 영상
http://hellosoft.co.kr/pz234

클라우드
Clouds

퍼즐 풀이 영상
http://hellosoft.co.kr/pz240

클라우드 퍼즐은 구름, 레이더(Radar)로도 불리는 퍼즐로 배틀십과 유사한 색칠하기 퍼즐입니다. 가로줄, 세로줄에 표시된 숫자를 이용해서 직사각형 형태의 숨겨진 구름을 모두 찾아내는 퍼즐입니다. 날씨가 좋아지길 기대하면서 퍼즐을 풀어 봅시다.

퍼즐 규칙

❶ 격자 형태의 퍼즐 판 위쪽과 왼쪽에 각 줄에 해당하는 숫자가 적혀 있습니다.
❷ 숫자는 해당 가로줄, 세로줄에서 구름이 있는 칸의 개수를 나타냅니다.
❸ 구름은 적어도 2×2칸으로 만들어야 하며, 구름끼리 서로 붙거나 모서리가 닿으면 안 됩니다.

풀이 예시

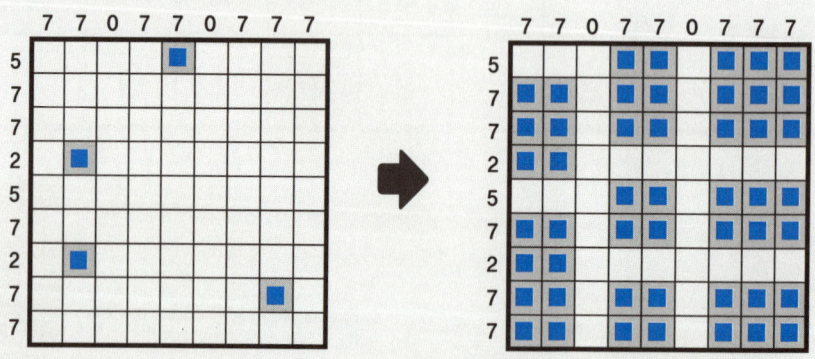

풀이 알고리즘

1. 구름이 없는 칸에 × 표시를 하면 퍼즐을 더 빠르게 풀 수 있습니다. 가로줄, 세로줄에서 숫자가 0인 칸은 구름이 하나도 없는 줄이므로 모든 칸을 × 표시해 줍니다.

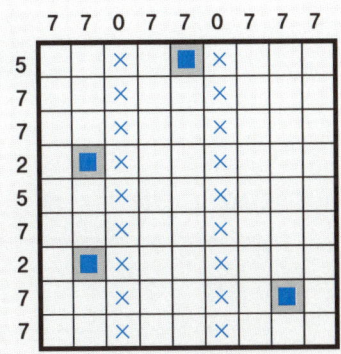

2. 구름은 적어도 2×2칸의 직사각형으로 이루어져야 합니다. ○ 표시가 된 가로줄은 구름이 2칸 있어야 하는데, 기존의 구름과 붙어야 하므로 ☆ 칸은 구름이 있어야 합니다. 자연스럽게 나머지 7칸은 구름이 없는 칸이 되므로 × 표시를 해 둡니다.

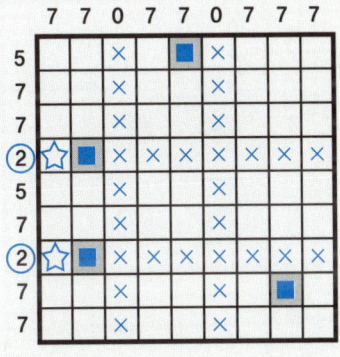

3. × 표시와 숫자 힌트를 이용해서 빈칸에 구름이 있는지 알아낼 수 있습니다. ○ 표시가 된 2번째, 3번째 가로줄은 색칠을 7칸 해야 합니다. 그런데 이미 색칠을 하면 안 되는 2칸이 표시되어 있으므로 그 2칸을 제외하고 모든 칸에 색칠을 하면 됩니다. 따라서 ☆ 칸을 모두 색칠합니다.

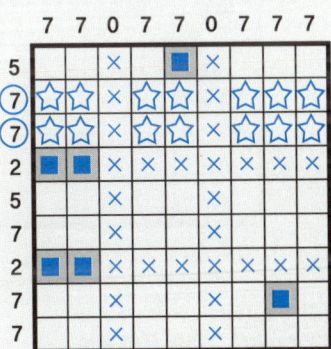

클라우드 1

	6	6	0	6	6	0	7	7	7
5	■	■							■
7	■	■		■					■
5									■
4	■	■							
5	■	■							■
5									■
4	■	■		■					
7	■	■							
3							■	■	■

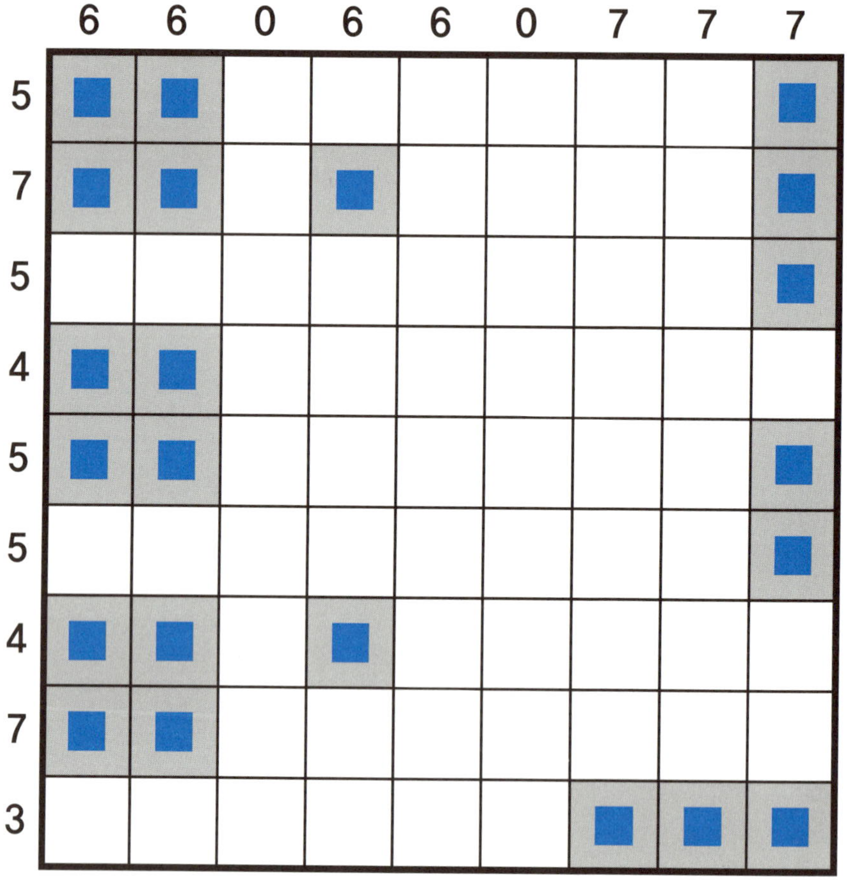

퍼즐 풀이 영상
http://hellosoft.co.kr/pz241

클라우드 2

	7	7	4	4	8	4	3	6	6
5	■	■	■		■				
7	■					■			■
7	■								
7	■		■			■		■	
0									
7	■			■	■		■		
7				■					
7		■							■
2					■				

퍼즐 풀이 영상
http://hellosoft.co.kr/pz242

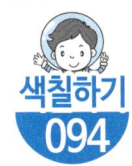

색칠하기 095

클라우드 3

	4	6	4	2	6	4	3	7	7
3							■	■	■
7	■			■					
7	■			■					■
0									
7	■					■			
7		■	■					■	■
2					■				
6						■			
4			■						■

퍼즐 풀이 영상
http://hellosoft.co.kr/pz243

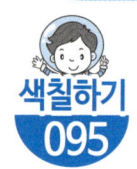

Puzzle

클라우드 4

	2	7	7	2	4	6	2	7	5
6				■			■		
6		■							
0									
6									
6									
2			■						
4									
7									
5	■								

퍼즐 풀이 영상
http://hellosoft.co.kr/pz244

배틀십
Battleship

퍼즐 풀이 영상
http://hellosoft.co.kr/pz250

배틀십 퍼즐은 비마루(Bimaru), 유보투(Yubotu) 등으로도 불리는 퍼즐로 유명한 보드게임을 기반으로 한 퍼즐입니다. 가로줄과 세로줄에 적힌 숫자를 이용해서 퍼즐 판에 숨겨진 10척의 전함을 모두 찾아내는 퍼즐입니다.

퍼즐 규칙

❶ 격자 형태의 퍼즐 판 위쪽과 왼쪽에 각 줄에 해당하는 숫자가 적혀 있습니다. 숫자는 해당 가로줄, 세로줄에서 함선이 있는 칸의 개수를 나타냅니다.

❷ 함선은 4가지 종류가 있는데, 전함(◀■■▶)은 4칸짜리 1대, 구축함(◀■▶)은 3칸짜리 2대, 잠수함(◀▶)은 2칸짜리 3대, 경비정(◆)은 1칸짜리 4대가 있습니다.

❸ 함선은 수평 또는 수직으로만 위치할 수 있으며, 서로 붙거나 모서리가 닿아도 안 됩니다.

풀이 예시

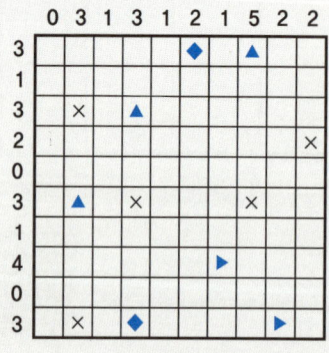  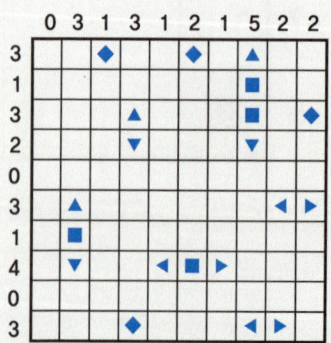

풀이 알고리즘

1. 함선이 없는 칸에 × 표시를 하면 퍼즐을 더 빠르게 풀 수 있습니다. 가로줄, 세로줄에서 숫자가 0인 칸은 함선이 하나도 없는 줄이므로 모든 칸을 × 표시해 줍니다. 또한 함선은 서로 붙으면 안 되기 때문에 함선의 테두리에도 × 표시를 해 줍니다.

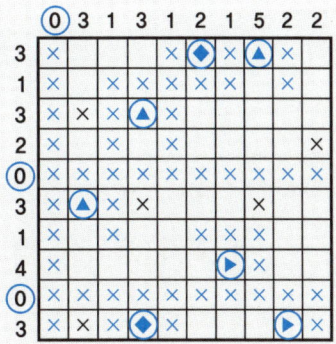

2. 미리 주어진 함선의 모양을 이용해 함선이 있는 위치를 알아낼 수 있습니다. 오른쪽 그림에서 ☆ 칸은 함선이 연결되는 칸입니다.

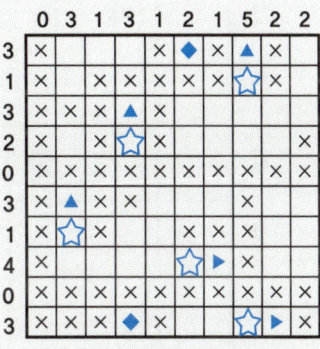

3. 이제 숫자, × 표시된 칸, 함선이 있는 칸의 개수를 계산하여 빈칸에 함선 배치 유무를 파악합니다. 3번 숫자가 적힌 세로줄을 살펴보면 이미 함선이 있는 칸이 3개가 되었기 때문에 나머지 칸은 모두 × 표시를 해 줍니다.

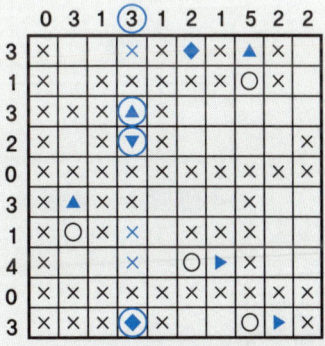

배틀십 1

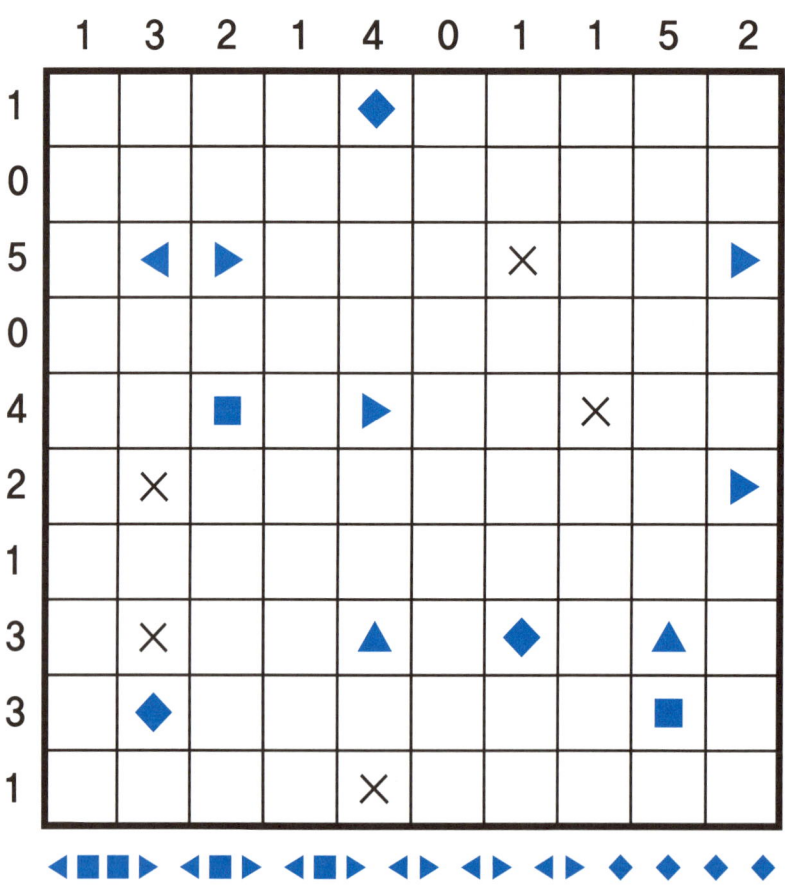

퍼즐 풀이 영상
http://hellosoft.co.kr/pz251

Puzzle

배틀십 2

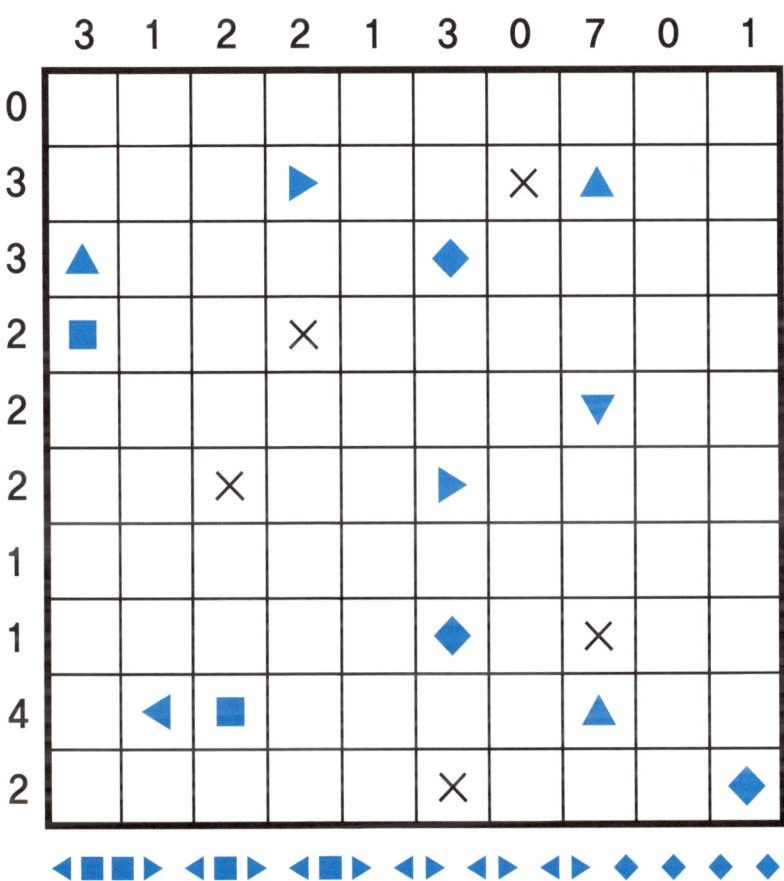

배틀십 3

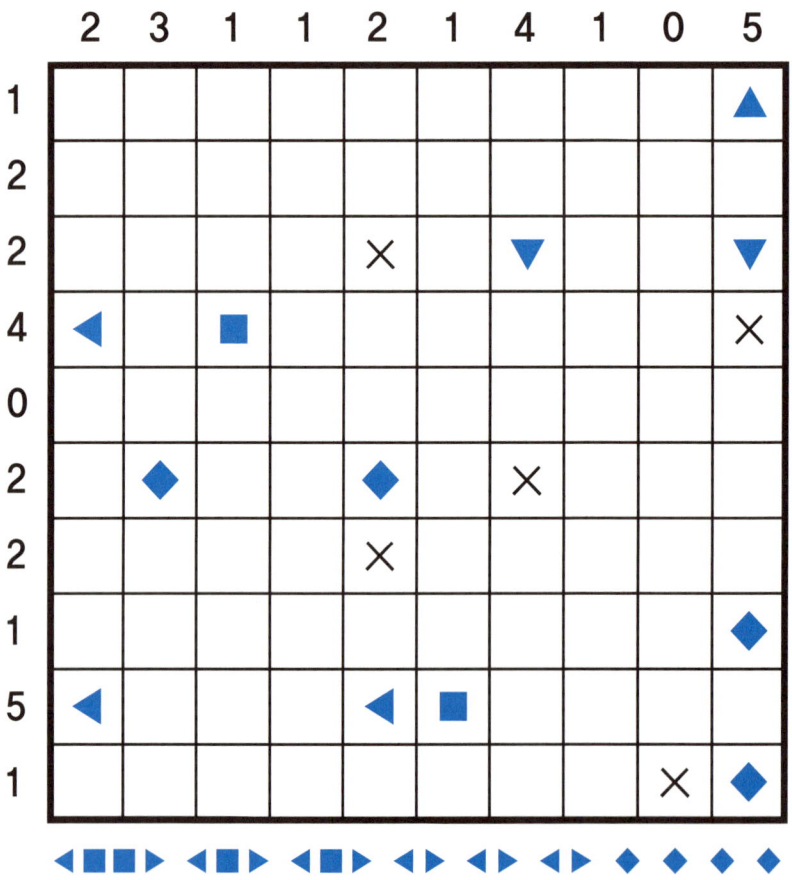

Puzzle

배틀십 4

히토리
Hitori

퍼즐 풀이 영상
http://hellosoft.co.kr/pz260

히토리는 '혼자 있게 해 주세요'라는 뜻의 퍼즐입니다. 다른 퍼즐은 숫자를 채워 가면서 푸는데, 이 퍼즐은 독특하게 숫자를 빼면서 풉니다. 가로줄과 세로줄에 하나의 숫자가 한 번씩만 오도록 퍼즐을 풀어 봅시다.

퍼즐 규칙

❶ 격자 형태의 퍼즐 판에 칸마다 1~6까지의 숫자가 적혀 있습니다.
❷ 숫자 중에 일부를 지워서 각각의 가로줄과 세로줄에 중복되는 숫자가 없도록 만듭니다.
❸ 지워진 검은색 칸은 서로 상하좌우로 붙어서는 안 됩니다. 대신 대각선으로는 붙을 수 있습니다.
❹ 지워지지 않은 흰색 칸은 모두 상하좌우로 붙어서 하나로 이어져야 합니다.

풀이 예시

풀이 알고리즘

1. 같은 숫자 3개가 연속으로 있을 경우 가운데 숫자 (☆ 칸)를 남기고 양쪽의 숫자를 지워야 합니다. 만약 중간이 아닌 한쪽을 남겨두고 다른 두 숫자를 지우면 검은색 칸이 서로 붙기 때문입니다.

3	6	4	5	4	1
2	⊗	☆3	⊗	5	6
5	1	5	6	4	3
6	3	4	1	2	5
5	4	1	6	6	3
1	3	6	3	2	5

2. 검은색 칸은 서로 상하좌우로 붙을 수 없습니다. 그러므로 검은색 칸이 있으면 상하좌우에 붙은 칸은 검은색 칸이 될 수 없습니다. 검은색 칸이 되지 않은 칸은 ○ 표시를 해 두면 퍼즐을 풀기 쉽습니다.

3	⑥	4	⑤	4	1
②	⊗	3	⊗	⑤	6
5	①	5	⑥	4	3
6	3	4	1	2	5
5	4	1	6	6	3
1	3	6	3	2	5

3. 각각의 가로줄과 세로줄에는 같은 숫자가 중복될 수 없습니다. ☆ 칸이 속한 세로줄을 살펴보면 위에 지울 수 없는 숫자 6이 있습니다. 그러므로 대신 ☆ 칸에 있는 숫자 6을 지워야 합니다.

3	⑥	4	⑤	4	1
②	⊗	③	⊗	⑤	6
5	①	5	⑥	4	3
6	3	4	1	2	5
5	4	1	☆6	6	3
1	3	6	3	2	5

히토리 1

✗	①	4	6	2	2
①	✗	⑥	✗	3	5
2	⑤	6	③	4	✗
4	✗	2	✗	1	6
3	4	1	5	6	2
5	6	✗	1	⑤	5

퍼즐 풀이 영상
http://hellosoft.co.kr/pz261

Puzzle

히토리 2

2	5	~~5~~	4	1	6
1	4	2	(3)	3	4
5	1	4	2	3	2
3	2	~~5~~	(5)	~~5~~	3
(3)	1	5	2	6	1
6	4	(1)	1	5	~~8~~

퍼즐 풀이 영상
http://hellosoft.co.kr/pz262

히토리 3

3	5	5̸	6	1	3
6	1	6	2	1	3
2	3	1	6	4	5
6̸	⑥	6̸	5	1	2
5	2	4	1	3	6
6	3	3	5	5	5

퍼즐 풀이 영상
http://hellosoft.co.kr/pz263

Puzzle

히토리 4

5	1	5	2	2	3
1	3	4	4	5	②
5	~~1~~	4	3	5	1
3	5	2	~~4~~	4	5
1	4	3	1	②	5
4	②	1	2	3	2

퍼즐 풀이 영상
http://hellosoft.co.kr/pz264

타파
Tapa

퍼즐 풀이 영상
http://hellosoft.co.kr/pz270

타파는 지뢰 찾기, 라인스위퍼 퍼즐과 매우 비슷한 색칠하기 퍼즐입니다. 일부 칸에 적힌 숫자를 이용해서 숨겨진 길을 찾는 것은 똑같으나, 길이 교차할 수 있고 숫자가 연속된 길이만큼 나누어져 적혀 있다는 점은 다릅니다.

퍼즐 규칙

❶ 격자 형태의 퍼즐 판 일부에 숫자가 적혀 있습니다.
❷ 빈칸의 일부를 파란색으로 색칠하여 하나의 연결된 길을 만듭니다.
❸ 숫자는 상하좌우, 대각선으로 인접한 8개 칸 중에 파란색 칸이 연속된 개수를 나타냅니다. 만약 한 칸에 숫자가 두 개 이상 있다면 두 파란색 칸 그룹 사이에는 적어도 하나의 흰색 칸이 있습니다.
❹ 숫자가 적힌 칸은 파란색으로 색칠할 수 없으며, 우물처럼 2×2칸 이상으로 색칠할 수 없습니다.

풀이 예시

풀이 알고리즘

1. 숫자 7과 숫자 0은 퍼즐을 푸는 출발점 역할을 합니다. 숫자 7이 다른 숫자와 함께 있다면 그 수를 제외하고 다른 칸을 모두 색칠할 수 있습니다. 숫자 0 주변에는 파란색 칸이 없으므로 × 표시를 해 두면 퍼즐을 쉽게 풀 수 있습니다.

2. 숫자가 두 개 이상인 경우 연속된 파란색 칸이 흰색 칸으로 나누어져 있다는 뜻입니다. 만약 숫자가 1, 2, 2라면 주변에 파란색이 5칸인데, 1칸, 2칸, 2칸으로 나누어져 있어야 합니다. 그러므로 오른쪽 그림에서는 ☆ 칸이 색칠되어야 합니다.

3. 최종적으로 파란색 칸은 서로 하나로 이어져야 합니다. 오른쪽 그림에서는 ☆ 칸이 색칠되어야 파란색 칸이 서로 이어지게 됩니다. 그리고 파란색 칸이 2×2칸 크기 이상으로 우물 모양처럼 칠해져서는 안 됩니다.

색칠하기 105

타파 1

	0			3		3		1
								3
				6				
	1	3			1		1	
1		1	1		2		1	3
					2			2
			4					2
4					6			5
		4	4			5		
		3			3			4

퍼즐 풀이 영상
http://hellosoft.co.kr/pz271

Puzzle

타파 2

1 1			5				1 3	
					7			
		3 3		3 3				
						6		2
	3			3 3				
								1
2		5				3 3		
							7	
5								2
				111			2	

퍼즐 풀이 영상
http://hellosoft.co.kr/pz272

Puzzle

타파 3

		4		4				
1 2						6	7	
		2 3	7				2 3	
	6							
					6	1 4	1 3	11
	1 4		1 5					
					6	1 5		5
		4				2 3		
				1 5			1 4	3
	1	3			1 2		1 2	

퍼즐 풀이 영상
http://hellosoft.co.kr/pz273

Puzzle

타파 4

4		6			5		7		1 1
			4	2					
1	3				111		3		
2				7			1		2
		5		5		6		7	
		4							
				1 3					
2	4					111			2

퍼즐 풀이 영상
http://hellosoft.co.kr/pz274

누리카베
Nurikabe

퍼즐 풀이 영상
http://hellosoft.co.kr/pz280

누리카베는 셀스트럭처(Cell Structure), 아일랜드인더스트림(Islands in the Stream) 등으로 불리는 퍼즐로, 서로 연결된 하나의 강 위에 섬의 위치를 찾는 퍼즐입니다. 각각의 섬은 크기를 나타내는 숫자를 포함해야 하며, 파란색으로 색칠된 강은 전체가 상하좌우로 서로 연결되어야 합니다.

퍼즐 규칙

❶ 격자 형태의 퍼즐 판 일부에 숫자가 적혀 있습니다.
❷ 빈칸의 일부를 파란색으로 색칠하여 하나의 연결된 길을 만듭니다.
❸ 숫자가 적힌 칸은 파란색으로 색칠할 수 없으며, 우물처럼 2×2칸 이상으로 색칠할 수 없습니다.
❹ 섬에 해당하는 흰색 칸은 섬의 크기를 나타내는 하나의 숫자를 포함해야 합니다. 서로 다른 섬끼리는 상하좌우로 붙을 수 없고 대신 대각선으로는 붙을 수 있습니다.

풀이 예시

: 풀이 알고리즘

1. 숫자 1이 적힌 칸은 혼자서 섬을 이룹니다. 그리고 섬은 상하좌우로 다른 섬과 붙을 수 없습니다. 따라서 섬의 상하좌우는 강이므로 파란색으로 색칠합니다.

2. 두 개의 숫자 사이에 빈칸이 하나 있는 경우에는 빈칸을 색칠해야 합니다. 섬끼리는 서로 상하좌우로 붙을 수 없기 때문에 가운데 강이 필요합니다. 따라서 ☆ 칸은 모두 파란색으로 색칠합니다.

3. 퍼즐 판의 파란색 칸은 모두 하나로 이어져야 합니다. 오른쪽 그림에서 ○의 파란색 칸이 다른 파란색 칸과 이어지기 위해서는 ☆ 칸이 파란색이어야만 합니다. 또한 파란색 칸은 2×2칸 이상의 우물 모양이 되어서는 안 됩니다. 따라서 4칸 중에 3칸이 색칠된 경우 나머지 한 칸은 색칠하면 안 됩니다.

누리카베 1

퍼즐 풀이 영상
http://hellosoft.co.kr/pz281

Puzzle

누리카베 2

퍼즐 풀이 영상
http://hellosoft.co.kr/pz282

누리카베 3

Puzzle

누리카베 4

퍼즐 풀이 영상
http://hellosoft.co.kr/pz284

Puzzle

Puzzle Coding Solution

퍼즐 코딩
풀이

기본 스도쿠
Classic Sudoku

1

7	1	8	3	9	5	4	2	6
2	4	6	7	8	1	9	5	3
9	3	5	6	2	4	8	1	7
3	7	4	8	1	2	5	6	9
8	9	2	5	6	7	1	3	4
5	6	1	4	3	9	7	8	2
4	2	7	1	5	3	6	9	8
1	8	9	2	7	6	3	4	5
6	5	3	9	4	8	2	7	1

2

3	1	7	8	6	5	2	9	4
6	5	8	4	2	9	1	3	7
9	2	4	7	3	1	6	5	8
4	6	5	9	1	7	3	8	2
7	3	9	5	8	2	4	6	1
2	8	1	3	4	6	9	7	5
8	9	3	1	5	4	7	2	6
5	4	2	6	7	3	8	1	9
1	7	6	2	9	8	5	4	3

3

8	2	3	6	1	9	7	4	5
7	9	1	5	4	2	8	6	3
6	5	4	8	7	3	1	9	2
2	1	8	9	3	7	4	5	6
3	7	5	4	6	1	2	8	9
9	4	6	2	8	5	3	1	7
4	8	2	7	5	6	9	3	1
5	3	7	1	9	4	6	2	8
1	6	9	3	2	8	5	7	4

4

1	9	8	5	7	3	6	2	4
3	5	4	2	8	6	1	9	7
7	6	2	1	9	4	3	8	5
4	8	9	3	1	5	7	6	2
2	1	7	4	6	8	9	5	3
5	3	6	9	2	7	4	1	8
8	2	3	6	4	9	5	7	1
9	4	1	7	5	2	8	3	6
6	7	5	8	3	1	2	4	9

홀짝 스도쿠 / Odd/Even Sudoku

퍼즐 코딩 02

1

4	3	6	2	8	5	9	1	7
8	7	9	1	3	4	2	5	6
2	5	1	6	7	9	3	8	4
9	4	7	5	2	8	6	3	1
3	8	2	4	6	1	5	7	9
1	6	5	7	9	3	4	2	8
7	9	4	8	5	2	1	6	3
6	2	3	9	1	7	8	4	5
5	1	8	3	4	6	7	9	2

2

6	3	9	1	8	5	7	2	4
7	1	8	4	2	3	5	6	9
5	2	4	7	6	9	1	8	3
1	6	2	5	3	8	4	9	7
9	7	3	2	4	1	8	5	6
8	4	5	9	7	6	3	1	2
4	8	6	3	1	2	9	7	5
3	9	1	6	5	7	2	4	8
2	5	7	8	9	4	6	3	1

3

5	1	2	7	9	8	3	6	4
7	3	8	4	6	2	9	1	5
4	9	6	3	5	1	7	8	2
3	4	7	6	8	9	2	5	1
2	8	9	1	4	5	6	7	3
1	6	5	2	7	3	4	9	8
8	5	4	9	3	6	1	2	7
6	2	3	8	1	7	5	4	9
9	7	1	5	2	4	8	3	6

4

3	6	1	9	5	7	8	4	2
7	8	4	3	6	2	9	5	1
9	5	2	1	4	8	3	6	7
8	1	6	2	9	4	7	3	5
2	9	5	7	3	6	4	1	8
4	3	7	5	8	1	6	2	9
5	2	3	6	7	9	1	8	4
6	7	8	4	1	5	2	9	3
1	4	9	8	2	3	5	7	6

연속 스도쿠
Consecutive Sudoku

1

2

3

4

지그소 스도쿠
Irregular Sudoku 04

1

4	6	7	3	5	2	1	8	9
9	8	1	2	4	6	7	3	5
2	4	8	9	6	5	3	7	1
7	3	5	1	2	8	6	9	4
1	7	6	5	9	4	8	2	3
8	1	9	4	7	3	2	5	6
5	2	3	6	8	9	4	1	7
3	9	4	8	1	7	5	6	2
6	5	2	7	3	1	9	4	8

2

9	3	5	6	8	1	4	2	7
7	1	2	9	3	6	5	4	8
4	8	6	7	5	2	3	1	9
8	2	1	4	7	9	6	5	3
3	5	4	2	1	8	7	9	6
6	9	7	8	4	5	1	3	2
1	7	9	3	6	4	2	8	5
2	4	3	5	9	7	8	6	1
5	6	8	1	2	3	9	7	4

3

3	7	2	5	9	4	6	8	1
6	8	9	3	1	2	5	7	4
2	5	6	1	7	8	4	3	9
1	4	7	8	5	3	9	2	6
8	3	4	9	2	6	7	1	5
9	6	1	2	3	5	8	4	7
4	9	5	7	8	1	2	6	3
7	2	3	6	4	9	1	5	8
5	1	8	4	6	7	3	9	2

4

6	1	7	8	4	2	3	5	9
9	3	6	4	7	5	2	8	1
2	5	8	9	3	7	6	1	4
5	7	4	2	1	3	9	6	8
3	8	1	7	6	9	5	4	2
4	6	2	5	9	1	8	3	7
1	9	3	6	2	8	4	7	5
8	4	9	1	5	6	7	2	3
7	2	5	3	8	4	1	9	6

부등호 스도쿠
Greater Than Sudoku

1

2

3

4

크롭키 스도쿠
Kropki Sudoku 06

# 킬러 스도쿠
Killer Sudoku

슬리더링크 SlitherLink

1

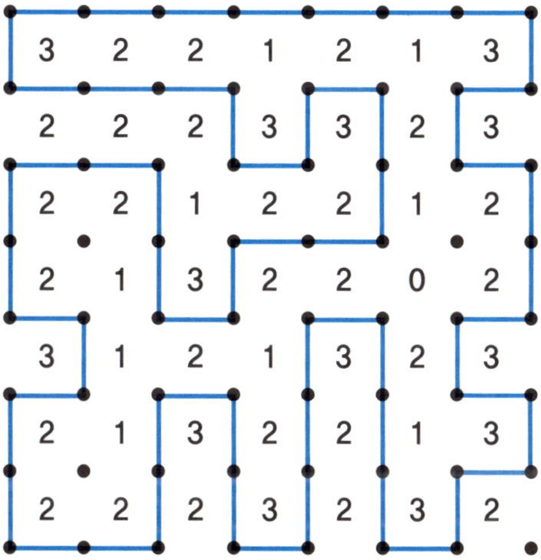

3	2	2	1	2	1	3
2	2	2	3	3	2	3
2	2	1	2	2	1	2
2	1	2	3	2	0	2
3	1	2	1	3	2	3
2	1	3	2	1	3	
2	2	2	3	2	3	2

2

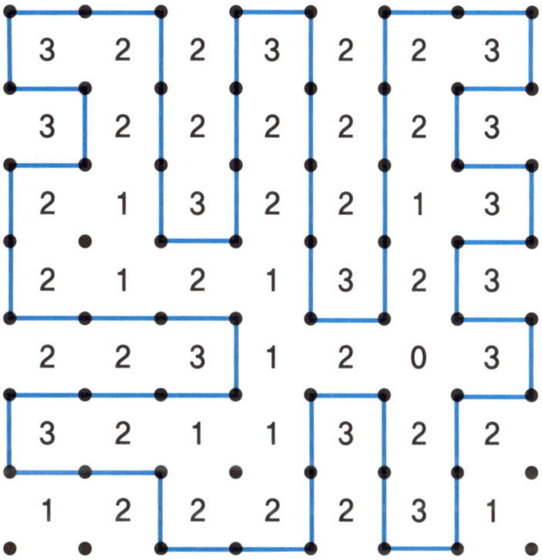

3	2	2	3	2	2	3
3	2	2	2	2	2	3
2	1	3	2	2	1	3
2	1	2	1	3	2	3
2	2	3	1	2	0	3
3	2	1	1	3	2	2
	1	2	2	2	3	1

3

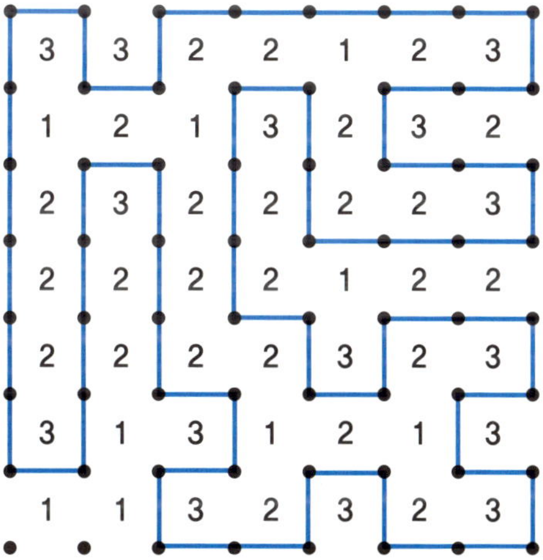

3	3	2	2	1	2	3
1	2	1	3	2	3	2
2	3	2	2	2	2	3
2	2	2	2	1	2	2
2	2	2	3	2	3	
3	1	3	1	2	1	3
1	1	3	2	3	2	3

4

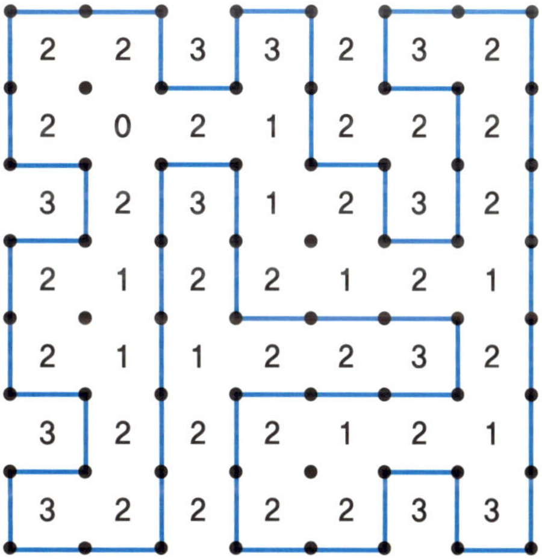

2	2	3	3	2	3	2
2	0	2	1	2	2	2
3	2	3	1	2	3	2
2	1	2	2	1	2	1
2	1	1	2	2	3	2
3	2	2	2	1	2	1
3	2	2	2	2	3	3

브리지
Bridge

1

2

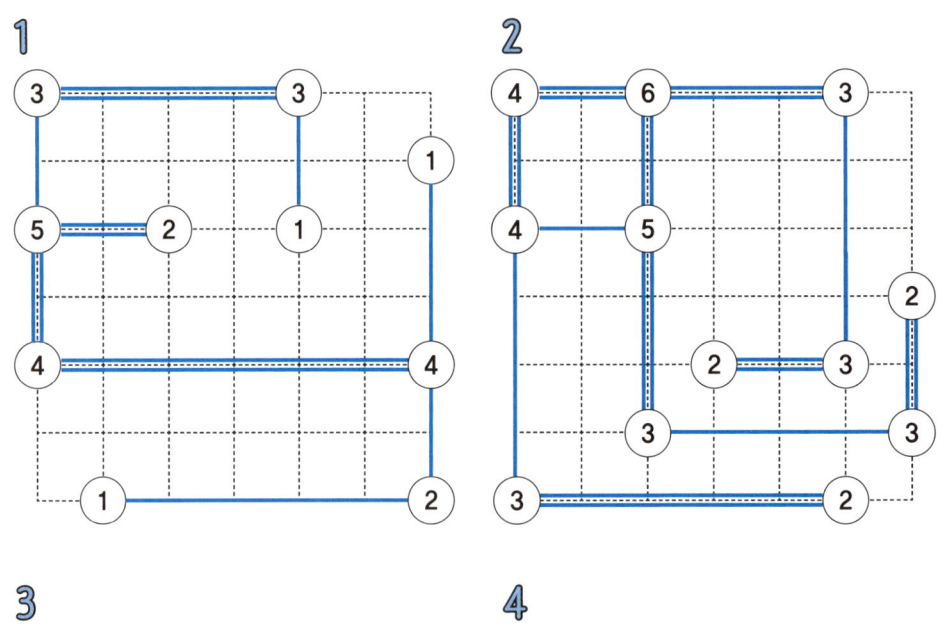

3

4

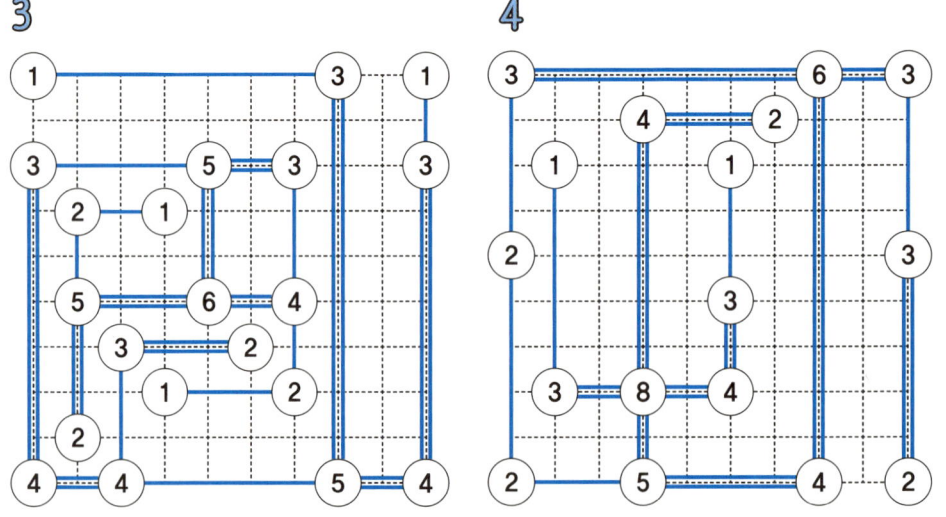

넘버링크
Number Link

1
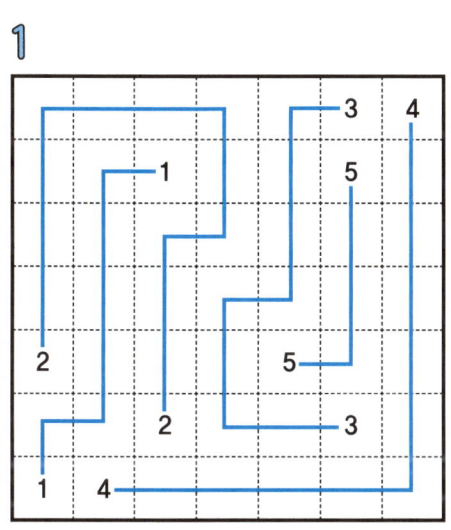

2
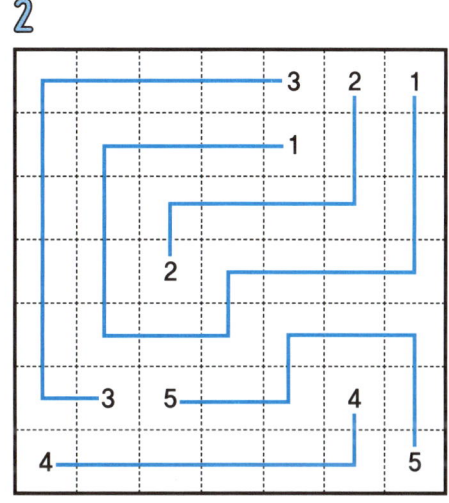

3
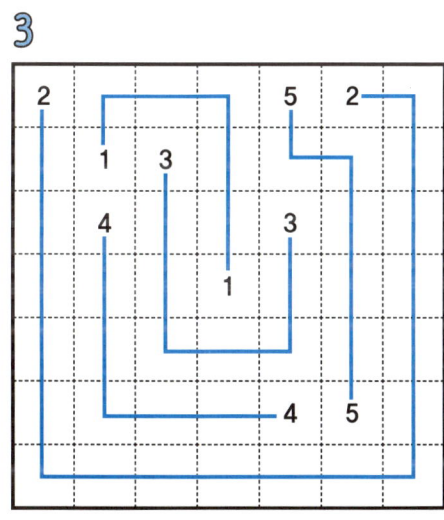

4
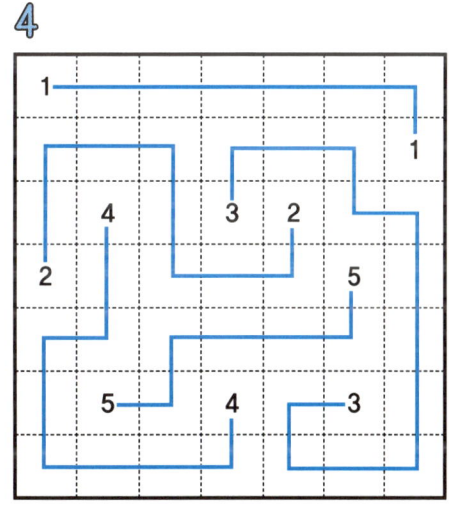

히다토
Hidato

1

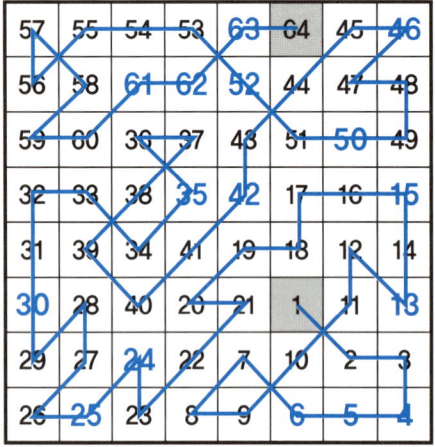

2

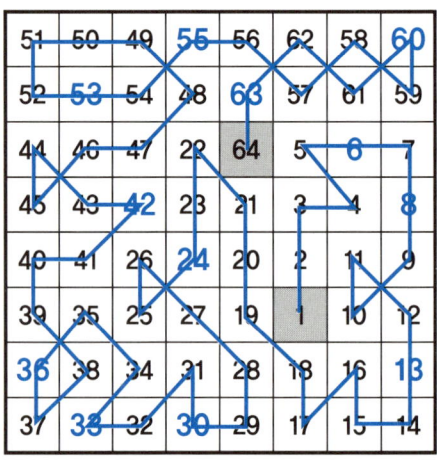

3

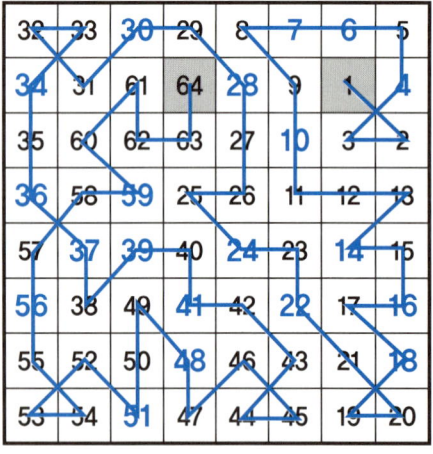

4

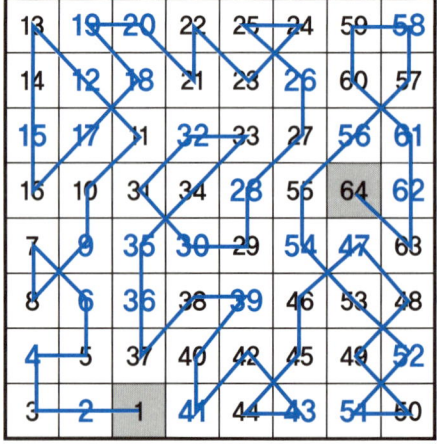

라인스위퍼
Line Sweeper

1
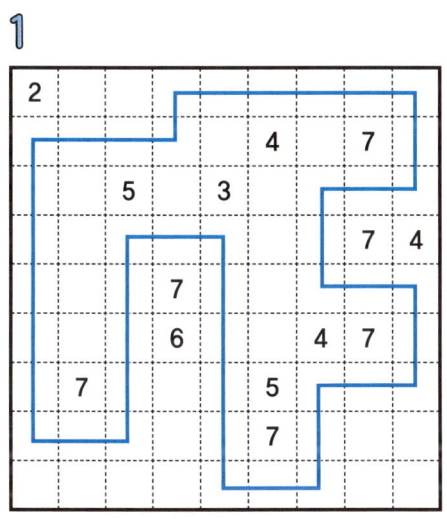

2
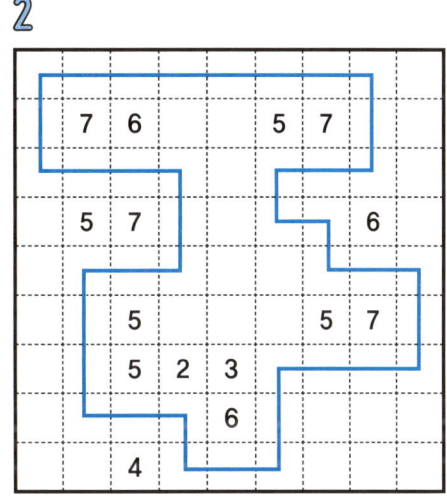

3
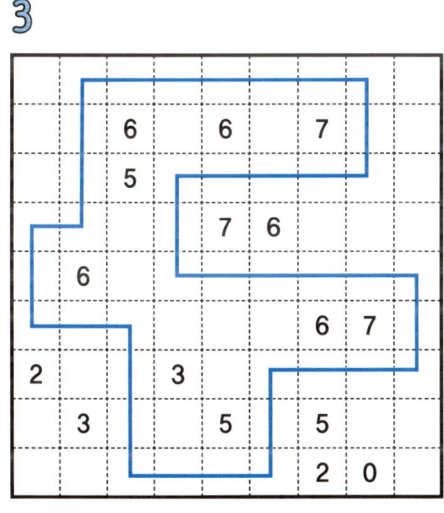

4
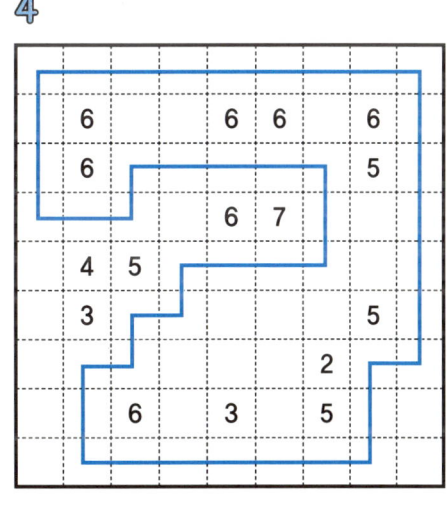

테트라스퀘어
Tetra Squeare

1
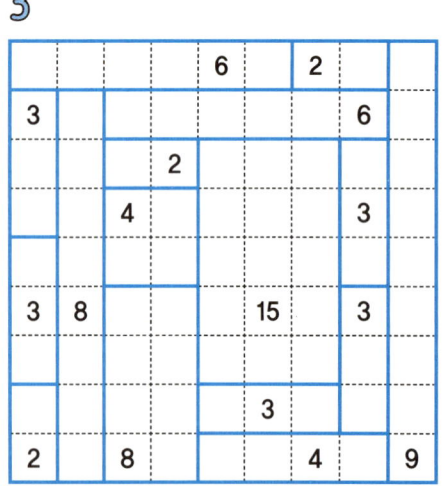

2
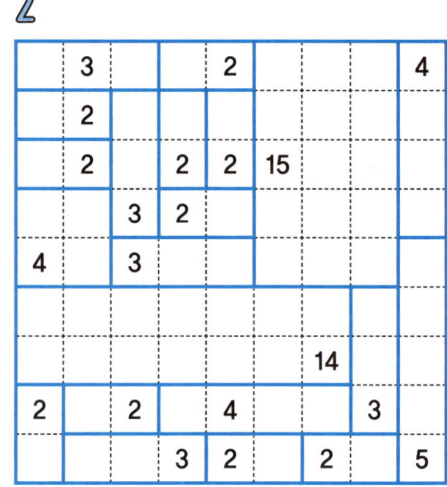

3

4
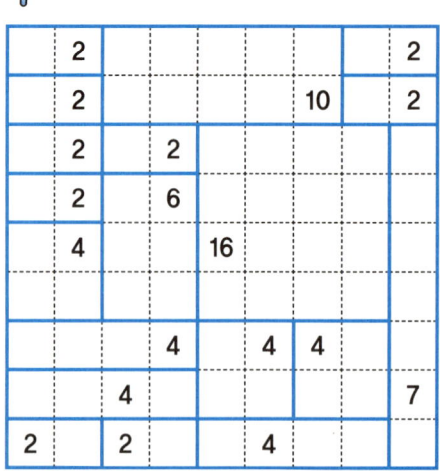

갤럭시
Galaxies

1

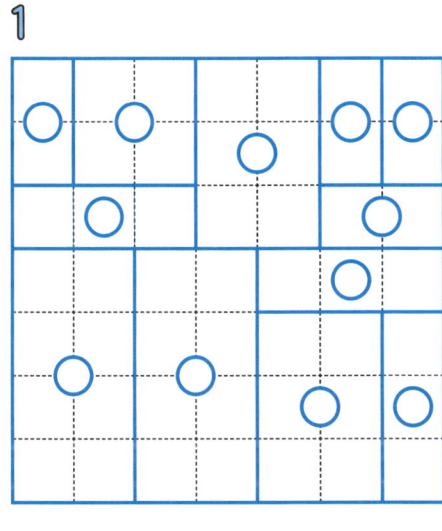

2

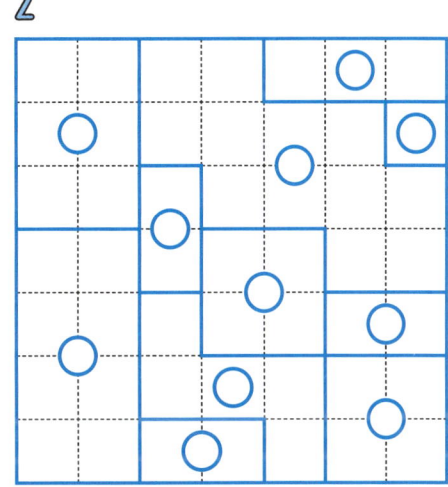

3

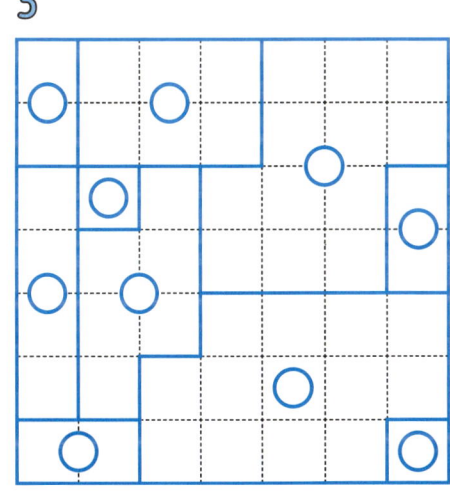

4

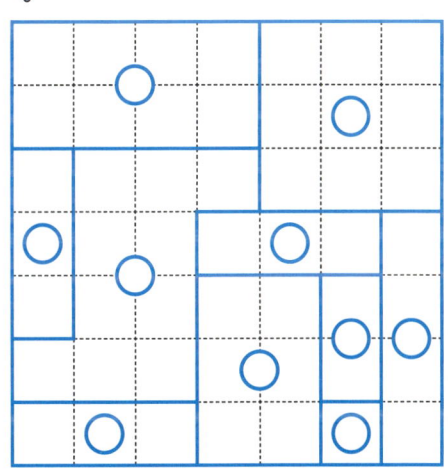

필로미노
Fillomino

1

5	5	6	6	1	5	5	1	3	1	9	1
5	5	6	6	6	6	5	5	3	3	9	9
5	1	7	7	7	1	5	1	9	9	9	1
4	4	7	7	7	7	4	4	1	9	9	5
4	4	1	6	6	6	4	4	5	5	1	2
1	7	7	7	6	6	6	1	5	5	5	2
7	7	1	3	3	1	8	8	8	8	8	1
1	7	7	3	8	8	3	3	8	1	3	3
5	5	1	8	8	8	3	1	8	8	1	3
5	5	5	8	8	8	1	9	9	9	9	9
6	6	6	1	3	1	5	5	5	1	9	1
1	6	6	6	3	3	5	5	1	9	9	9

2

5	1	4	4	4	1	6	6	3	1	8	1
5	5	4	1	6	6	6	6	3	3	8	8
5	5	9	9	9	9	9	1	8	8	8	8
3	1	9	9	9	9	1	3	3	7	1	8
3	3	4	4	5	5	5	3	1	7	7	2
5	5	4	4	2	5	5	1	7	7	7	2
1	5	5	5	2	1	9	9	7	8	8	1
2	1	2	1	9	9	9	9	9	8	8	8
2	8	2	5	5	4	4	9	9	9	8	8
8	8	1	5	1	4	4	1	2	1	3	3
8	8	8	5	7	7	7	7	2	4	4	3
8	8	1	5	1	7	7	7	1	4	4	1

3

8	8	8	8	1	9	1	3	3	1	4	
8	1	8	8	1	9	9	9	3	4	4	
5	5	1	5	5	1	9	9	9	1	4	
5	5	5	3	5	5	5	6	6	6	8	1
6	6	6	3	3	4	4	6	6	6	8	8
6	4	4	1	4	4	2	1	8	8	8	8
6	4	4	9	9	9	2	7	7	7	1	8
6	7	7	9	9	5	1	7	7	7	7	
7	7	7	9	5	5	5	9	1	7	1	
1	7	9	1	6	6	9	9	9	9	9	
5	5	5	1	4	4	6	9	9	9	3	
5	5	1	4	4	1	6	1	9	9	3	

4

1	8	8	8	1	9	1	5	5	5	1	3
3	3	8	8	8	9	9	9	1	5	5	3
3	1	8	8	9	9	1	6	6	6	1	3
5	5	1	9	9	9	1	6	6	6	1	
5	5	6	6	6	6	4	1	7	7	7	
4	4	6	6	4	4	1	4	4	7	7	7
4	4	7	1	4	4	5	5	5	1	5	
1	7	7	7	1	5	1	5	5	1	5	5
7	7	7	3	3	7	7	4	4	8	1	5
1	3	1	3	7	7	1	4	4	8	8	2
3	3	5	1	7	7	5	5	5	8	8	2
1	5	5	5	5	1	5	5	1	8	8	8

바이너리
Binary

1

0	0	1	1	0	1	1	0
1	0	1	1	0	0	1	0
0	1	0	0	1	1	0	1
1	0	0	1	1	0	0	1
0	1	1	0	0	1	1	0
1	1	0	0	1	0	0	1
0	0	1	1	0	1	0	1
1	1	0	0	1	0	1	0

2

1	0	1	1	0	0	1	0
0	1	0	0	1	1	0	1
0	1	1	0	1	0	0	1
1	0	0	1	0	1	1	0
0	1	1	0	0	1	1	0
1	0	1	0	1	0	0	1
0	1	0	1	1	0	1	0
1	0	0	1	0	1	0	1

3

0	1	1	0	0	1	0	1
1	0	0	1	1	0	1	0
0	1	0	1	1	0	0	1
1	0	1	0	0	1	1	0
0	0	1	0	1	1	0	1
1	1	0	1	0	0	1	0
0	0	1	1	0	0	1	1
1	1	0	0	1	1	0	0

4

1	0	0	1	1	0	0	1
0	1	1	0	0	1	1	0
1	0	1	1	0	0	1	0
0	1	0	0	1	1	0	1
1	0	1	0	1	0	1	0
0	0	1	1	0	1	0	1
0	1	0	0	1	0	1	1
1	1	0	1	0	1	0	0

물결 효과
Ripple Effect

1

1	4	2	1	3	2	1
2	3	1	2	1	4	2
3	1	4	1	2	3	1
1	2	1	3	1	2	4
2	1	5	2	3	1	2
1	3	2	1	4	5	3
3	2	1	4	2	3	1

2

4	3	1	2	1	3	2
2	1	4	3	6	2	1
3	4	1	5	2	1	3
1	2	3	1	4	5	1
2	3	1	2	1	3	2
4	1	2	1	3	2	1
3	2	1	4	2	1	3

3

2	3	1	2	1	4	3
1	2	3	1	5	1	2
5	1	2	3	4	2	1
3	4	5	2	3	1	4
2	3	1	4	1	3	2
1	2	3	1	2	1	3
4	1	2	3	1	2	1

4

1	2	1	3	1	2	1
2	1	4	2	3	1	2
1	3	2	6	1	4	3
3	2	1	4	5	2	1
1	4	3	1	2	1	4
2	1	5	2	4	3	2
1	2	1	3	1	2	1

가쿠로
Kakuro

1

2

3

4

대각선 합
Diagonal Sums

1

	10↓	11↓	5↓	2↓	
	5	1	3	4	2	9←
5→	**4**	**2**	5	3	**1**	11←
5→	2	**3**	4	**1**	**5**	5←
7→	**1**	**4**	2	**5**	**3**	4←
13→	3	5	**1**	**2**	4	
		3↑	6↑	7↑	11↑	

2

	16↓	8↓	3↓	5↓	
	3	4	**1**	2	5	11←
3→	**5**	**2**	4	**3**	**1**	13←
9→	**2**	1	3	5	**4**	4←
5→	**1**	5	**2**	4	**3**	2←
8→	4	**3**	5	**1**	2	
		4↑	4↑	12↑	9↑	

3

	12↓	9↓	7↓	2↓	
	1	**5**	3	**4**	**2**	14←
1→	4	**2**	1	**5**	3	6←
9→	**5**	3	**4**	2	**1**	5←
10→	**2**	**1**	5	**3**	**4**	5←
10→	**3**	**4**	**2**	**1**	5	
		3↑	6↑	8↑	13↑	

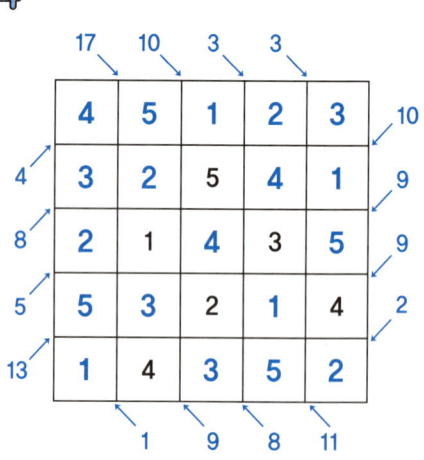

캔캔
Kenken

1

5 + 4	1	2 − 3	2 / 2
2 − 3	8 × 2	1	4
1	4	2 / 2	2 − 3
6 × 2	3	4	1

2

2 − 1	2 − 2	4	12 × 3
3	2 / 1	2	4
2 / 2	4	3 × 3	2 × 1
1 − 4	3	1	2

3

2 / 2	4	2 − 1	3
2 − 1	3	12 × 4	2 / 2
12 × 4	1 − 2	3	1
3	1	2 / 2	4

4

4 × 1	8 × 4	2	2 − 3
4	1 − 2	3	1
5 + 2	3	5 + 1	2 / 4
2 − 3	1	4	2

수식 완성
Math Square

1

9	÷	3	×	1	= 3
+		×		×	
8	−	4	+	7	= 11
−		−		+	
6	÷	2	×	5	= 15
= 11		= 10		= 12	

2

3	×	5	−	6	= 9
+		−		×	
7	+	1	−	8	= 0
−		+		÷	
9	−	2	−	4	= 3
= 1		= 6		= 12	

3

2	×	8	−	7	= 9
−		+		+	
6	÷	3	×	4	= 8
+		−		−	
5	×	9	+	1	= 46
= 1		= 2		= 10	

4

4	+	1	+	5	= 10
×		+		+	
3	+	7	−	8	= 2
÷		−		−	
2	×	6	−	9	= 3
= 6		= 2		= 4	

네모로직
Nemo Logic

22

1

2

3

4

 지뢰 찾기
Mine Sweeper

1

	2	3		2	●		1	●
1	●	●	●	2		2	2	2
		3		3			2	1
0	1	●	1	2	●	4	3	
2	3				●	●	3	●
●	●		1	2	3			
3	●	2	1	●			2	2
	2		3	3	2	1	●	
●	1	1	●		1	1		1

지뢰 20개

2

	2		2	1	0	2	●	2
1	●	●	●		2	1	3	●
	2	3			●			2
1	1		2			2	3	●	3
●		2		●	●		2	●	●
	●	2	1	3		2			3
2			2				0	1	●
2	●	2	1	●	2	2	3	
		●	2		1	2	●	●	1

지뢰 20개

3

	●	2		2	●	3		
1	2	●	1	0	2	●		●
	3		2			2	3	2
●	●	1		●	2	3	●	
3	4		2	2	●			2
2	●		1		1	2	1	
	●	3	2	1		1		1
2		2		●		3	●	2
1	●	1	2	●	3	●		2

지뢰 20개

4

	2	3		2	●	●	1	0
1	●	●	●	3		3	2	
2	4	5			●	2		●
	●	●	1	2	●		2	●
2	●	3		2		2	1	1
2		2	1		●			2
●	2	3	●	3		2	●	●
	2	●	●	3	1	2		2
0		2		2	●	1	0	

지뢰 20개

클라우드
Clouds

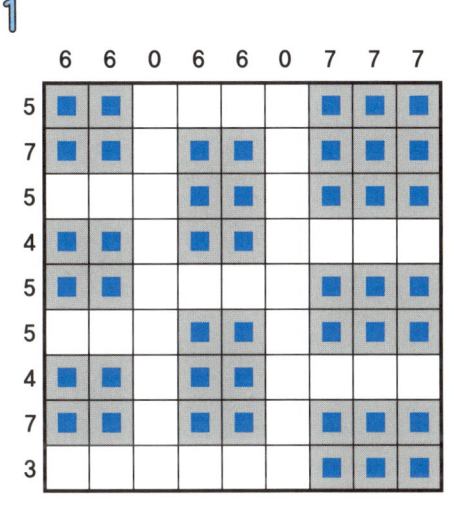
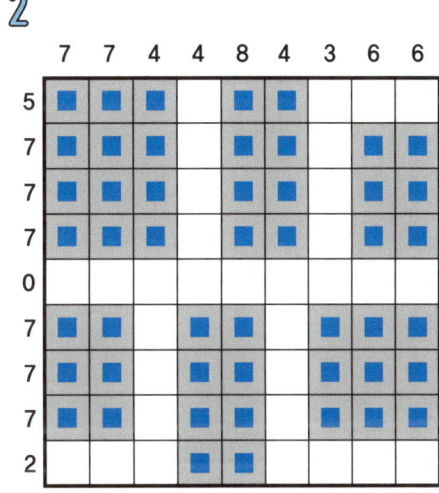
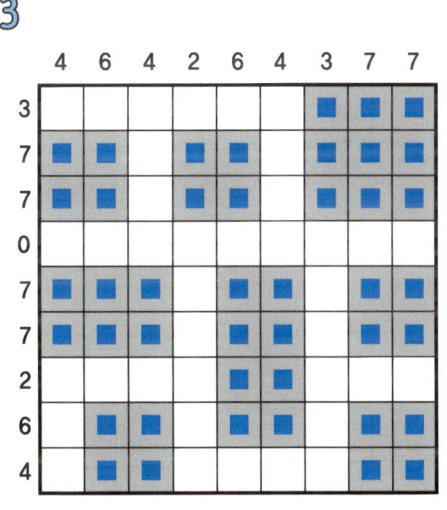
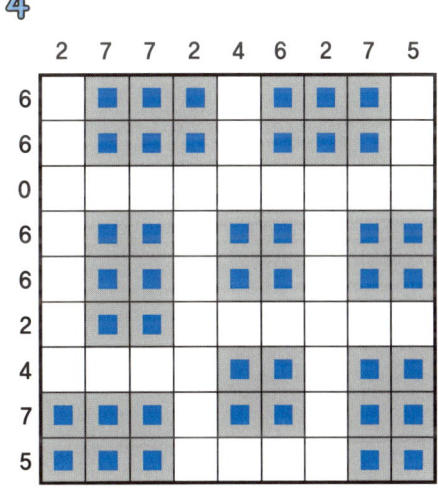

배틀십
Battleship

1
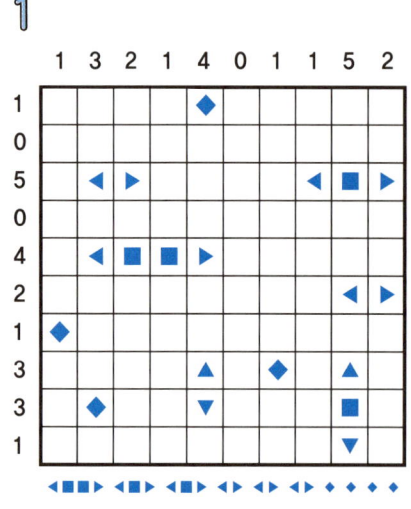

2
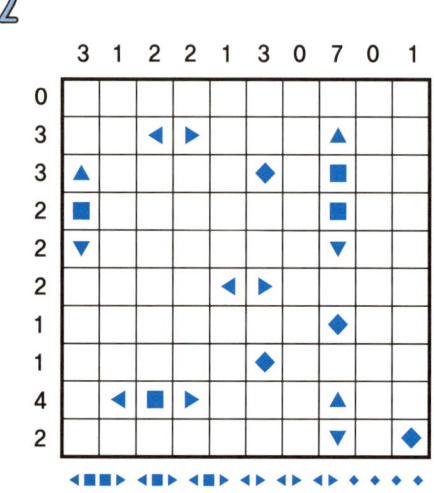

3
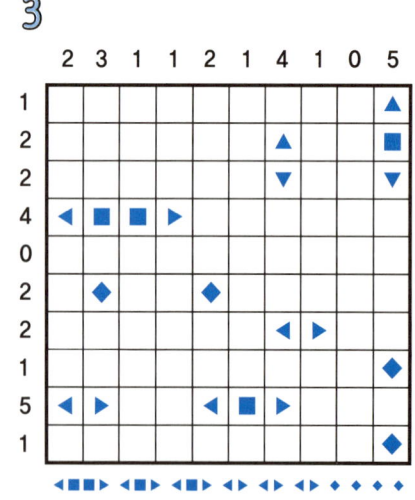

4
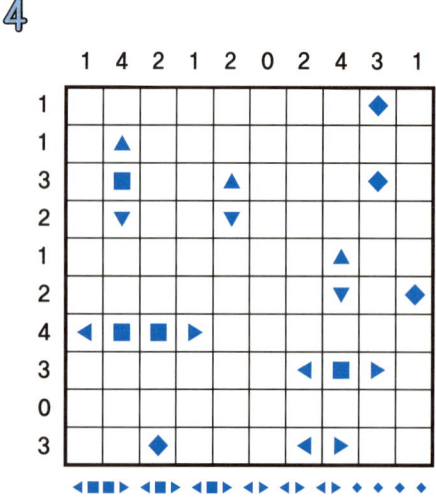

히토리
Hitori

1

✕	1	4	6	2	✕
1	✕	6	✕	3	5
2	5	✕	3	4	✕
4	✕	2	✕	1	6
3	4	1	5	6	2
✕	6	✕	1	5	✕

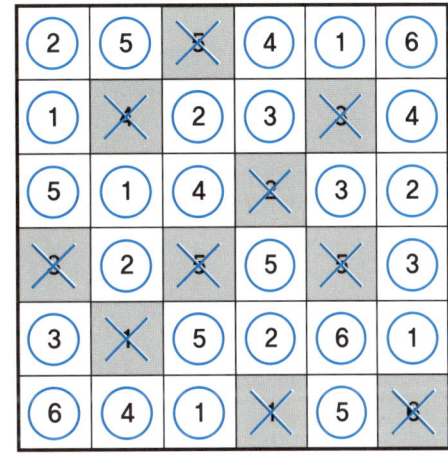

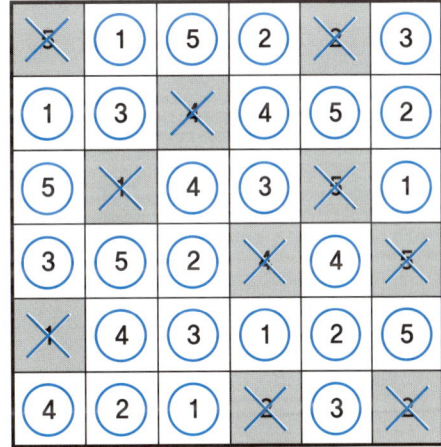

타파
Tapa

1

2

3

4

누리카베
Nurikabe

1

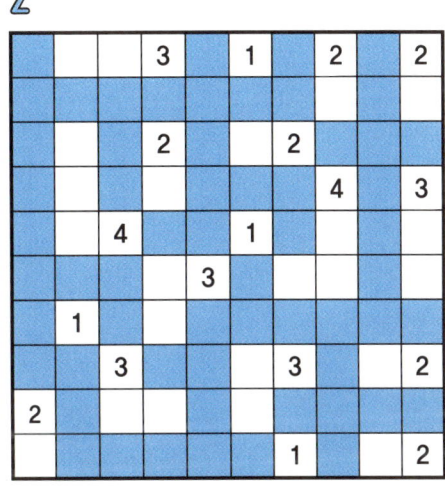

2

3

4